中国特色高水平建筑装饰工程技术专业群建设系列教材

高职教育新形态活页式实训教材

U0959989

认识实习
（建筑设计专业）

但功水　编著

管春时　参编

天津大学出版社

TIANJIN UNIVERSITY PRESS

图书在版编目（CIP）数据

认识实习：建筑设计专业 / 但功水编著. -- 天津：天津大学出版社, 2024.1

中国特色高水平建筑装饰工程技术专业群建设系列教材 高职教育新形态活页式实训教材

ISBN 978-7-5618-7665-7

Ⅰ. ①认… Ⅱ. ①但… Ⅲ. ①建筑设计－实习－高等职业教育－教材 Ⅳ. ①TU2

中国国家版本馆CIP数据核字(2024)第042826号

出版发行 天津大学出版社
地　　址 天津市卫津路92号天津大学内（邮编：300072）
电　　话 发行部：022-27403647
网　　址 www.tjupress.com.cn
印　　刷 河北鑫彩博图印刷有限公司
经　　销 全国各地新华书店
开　　本 787mm×1092mm　1/16
印　　张 5.5
字　　数 109千
版　　次 2024年1月第1版
印　　次 2024年1月第1次
定　　价 32.00元

前言 PREFACE

2022年1月，教育部、工业和信息化部、财政部、人力资源社会保障部、应急管理部、国务院国资委、市场监管总局和银保监会联合印发了新修订的《职业学校学生实习管理规定》。2016年的《职业学校学生实习管理规定》指出，职业学校学生实习，是指职业学校学生按照专业培养目标要求和人才培养方案安排，由职业学校安排或者经职业学校批准自行到企（事）业等单位进行专业技能培养的实践性教育教学活动，包括认识实习、跟岗实习和顶岗实习等形式。修订后的《职业学校学生实习管理规定》进一步强调实习的性质并优化内涵和边界；强调学生实习的本质是教学活动，是实践教学的重要环节；重新界定实习分类，将“跟岗实习”和“顶岗实习”统一为“岗位实习”；同时明确要求职业学校和实习单位要依法保障实习学生的基本权利，不得安排、接收一年级在校学生进行岗位实习。

修订后的《职业学校学生实习管理规定》还指出，认识实习指学生由职业学校组织到实习单位参观、观摩和体验，形成对实习单位和相关岗位的初步认识的活动。认识实习应由职业学校安排，学生不得自行选择。职业学校应当加强对实习学生的指导，会同实习单位共同组织实施学生实习，在实习开始前，根据人才培养方案共同制订实习方案，明确岗位要求、实习目标、实习任务、实习标准、必要的实习准备和考核要求、实施实习的保障措施等。据此，江苏建筑职业技术学院结合自身专业特色，组织了本教材的编写工作。

本教材由江苏建筑职业技术学院但功水编著，中衡设计集团股份有限公司管春时提供了部分实际工程案例并参与了学习单元2的编写工作，中国矿业大学硕士生导师季翔教授对教材进行了审查，在此对他们表示衷心的感谢！

由于编者水平有限，书中难免存在不足和疏漏之处，敬请读者批评指正。

但功水
2023年12月

目录 CONTENTS

学习单元 1　实习大纲

1.1　实习目的

“认识实习”是建筑设计专业的一门专项能力课程，也是重要的实践性教学环节，可帮助大一学生以初学者的身份对岗位进行认识实习。其主要目的是：

（1）通过实际考察或调研了解建筑设计单位的情况，明确目标岗位，帮助学生确立自己的初步职业规划；

（2）通过对某个小型实际工程项目图纸的识读与绘制实践，了解图纸设计的内容和深度，熟练掌握建筑制图要求和运用建筑绘图软件；

（3）初步了解本专业的业务能力要求，培养基本的职业精神。

1.2　实习目标

实习目标主要包含知识目标、能力目标和素质目标。具体要求如下。

1. 知识目标

（1）了解设计单位及岗位相关人员组成、岗位职责。

（2）了解中小型民用建筑设计项目的整个设计过程。

（3）初步了解本岗位所需的基本技能。

（4）熟悉完成岗位任务需要使用的计算机辅助软件知识。

（5）掌握建筑制图规范知识。

2. 能力目标

（1）具有前期调研与资料收集的能力。

（2）具有正确识读中小型民用建筑设计图纸的能力。

（3）具备运用 CAD（计算机辅助设计）软件抄绘中小型民用建筑设计图纸的能力。

3. 素质目标

（1）培养遵纪守法、诚信守密、爱岗敬业的职业道德。

（2）培养安全第一、质量第一、精心设计的工匠精神。

（3）培养严谨细致、踏实肯干、精益求精的工作作风。

（4）培养平等待人、宽容谦让、互惠互利的交往态度。

（5）培养相互尊重、服务奉献、协同合作的团队精神。

1.3 实习要求

实习期间，每一个学生都要求有虚心、勤奋、好学的学习态度，脚踏实地、严于律己的工作作风，爱岗敬业、与人合作的团队精神，认真完成专业实习。在实习过程中，学生应努力做到以下几点。

（1）自觉遵守国家法律法规和学校的实习纪律，严格按照规定时间进行实习。

（2）遵守实习基地的劳动纪律和各项规章制度，形成良好的职业道德和组织纪律观念。

（3）树立高度的安全防范意识，牢记“安全第一”。

（4）对在实习中悉知的商业秘密要严格保守。借阅考察或调研单位提供的各类文件、数据等资料，必须严格按照有关规定妥善保管，用毕完整归还。

（5）虚心学习，勤奋探索，认真求教，展现良好的精神风貌，遵守各项职业道德规范，提高职业素养，不得向考察或调研单位提出不恰当的要求。

（6）实习期间，应经常与指导教师交流，及时解决实习过程中出现的问题，同时要善于总结并吸取经验，认真做好实习笔记。

（7）实习结束后一周内应向指导教师提交“认识实习总结报告”。

1.4 实习方式

采用校内实训为主，企业现场参观或调研为辅的方式。

1.5 实习时间

认识实习一般放在大一第二个学期末，时间为 1~2 周。

学习单元2　实习内容

2.1　认识单位

建筑设计单位是指具有合法设计资质的从事建设工程项目设计的机构的总称。

1. 企业性质

目前,我国建筑设计行业基本形成了以少数大型设计企业为主,大量中小型设计企业为辅的市场竞争格局。建筑设计院过去属于事业单位,现在基本改制为股份制企业。根据股东背景划分,建筑设计企业主要包括国有设计企业、民营设计企业和外资设计企业。各类建筑设计企业的业务定位、业务范围及经营区域等情况具体见表2-1。

表2-1　企业情况

企业性质	业务情况
国有设计企业	国有设计企业成立时间较长,具有营业收入规模庞大、业务运作流程规范、技术实力雄厚、设计经验丰富、人力资源充足、综合配套能力强等优势。该类企业在工程设计领域涉及范围较广,包括建筑设计及其他技术服务,其中多数企业在全国范围内开展业务
民营设计企业	民营设计企业市场经济特征明显,经营管理机制灵活,拥有强大的服务网络,具有生产成本优势,人均创收水平高,市场竞争经验丰富。该类企业的经营范围主要包括建筑设计及其他技术服务,业务定位于公共建筑设计和居住建筑设计。受行业特点、品牌知名度及自身设计人员数量等因素影响,民营设计企业通常服务半径较小,仅在当地及周边区域开展业务。部分民营设计企业在立足本地市场的同时,通过增加设计人员数量、设立分支机构等形式逐步在全国范围内开展业务
外资设计企业	外资设计企业技术实力较强,经营管理机制和设计理念先进,具有众多大型项目设计经验,业务定位于大型公共建筑设计、别墅等高端居住建筑设计。该类企业业务以方案设计为主,在全国范围内开展业务

2. 设计资质

根据《建设工程勘察设计管理条例》和《建设工程勘察设计资质管理规定》的相关规定,从事建设工程设计活动的企业,应当按照其拥有的注册资本、专业技术人员、技术装备和设计业绩等条件申请资质，经审查合格，取得建设工程设计资质证书后，方可在资质许可的范围内从事建设工程设计活动。

工程设计资质分为四个序列：工程设计综合资质、工程设计行业资质、工程设计专业资质和工程设计专项资质。各项资质的具体分类标准及说明见表 2-2。

表 2-2　资质分类标准及说明

资质分类	业务范围	等级说明
工程设计综合资质	涵盖 21 个行业的设计资质，可承担各行业、专业建设工程项目的设计业务，其范围和规模不受限制	只设甲级
工程设计行业资质	涵盖某个行业资质标准中的全部设计类型的设计资质，可承担本行业相应等级的建设工程项目的设计业务。行业甲级资质业务范围和规模不受限制，行业乙级资质可承担本行业中、小型规模项目，行业丙级资质仅承担本行业小型建设工程项目的设计业务	设有甲、乙两级，根据行业需要，建筑、市政公用、水利、电力（限送变电）、农林和公路行业可设丙级
工程设计专业资质	某个行业资质标准中的某个专业的设计资质，其中包括可在各行业内通用，且可独立进行技术设计的通用专业工程设计资质，可承担本专业相应等级的建设工程项目的设计业务。专业甲级资质业务规模不受限制，专业乙级资质可承担本专业中、小型规模项目，专业丙级资质仅承担本专业小型工程建设项目的设计业务	设有甲、乙两级，根据行业需要，建筑、市政公用、水利、电力（限送变电）、农林和公路行业可设丙级，建筑工程设计可设丁级
工程设计专项资质	为适应和满足行业发展的需求，对已形成产业的专项技术独立进行设计以及设计、施工一体化而设计的资质	不设等级

目前，工程设计专项资质有可能逐步被建筑工程设计事务所资质所取代。建筑工程设计事务所资质是由专业设计人员依法成立，从事建筑工程专业设计业务的工程设计资质，共设有建筑设计事务所、结构设计事务所和机电设计事务所三个类别，均只设甲级，可承担建筑工程项目相应专业的设计业务，业务规模不受限制。

3. 专业技术骨干

根据《建筑工程设计资质分级标准》（建设〔1999〕9 号）的规定，甲级资质单位专职技术骨干中建筑、结构和其他专业人员各不少于 8 人、8 人、10 人，其中一级注册建筑师和一级注册结构工程师均不少于 3 人；乙级资质单位专职技术骨干中建筑、结构和其他专业人员各不少于 6 人、6 人、8 人，其中一级注册建筑师和一级注册结构工程师均不少于 1 人。

“专职技术骨干”指下列人员之一：

（1）与分级标准要求相对应的注册师；

（2）取得高级职称的技术人员；

（3）从事本专业设计实践 10 年以上并取得中级职称的技术人员。

2.2　认识岗位

一般建筑设计公司建筑专业主要有设计人（绘图人）、校对人、专业负责人、项目总负责人、审核人、审定人等岗位。

2.2.1　设计人岗位

设计人对所承担设计内容的设计质量和进度负责，由具有助理建筑师及以上职称的人员担任，一般又分为方案设计人和施工图设计人。

1. 方案设计人岗位主要职责

（1）接受上级的工作安排，了解项目设计方向，领会设计意图。

（2）参与项目前期的现场勘察、资料收集、信息整理工作。

（3）参与方案构思，参与讨论并定案。

（4）根据上级的安排绘制图纸、深化图纸。

（5）制作文本，绘制彩色平、立、剖面图。

（6）对所负责的工作内容，与其他专业进行沟通配合。

（7）按部门要求进行设计文件归档。

（8）协助部门编制汇报文件、报审的相关文件及表格、工程会议纪要等。

2. 施工图设计人岗位主要职责

（1）准确无误地执行专业定案意见，保证与已确定的设计理念相一致。

（2）严格按制图标准、设计深度和项目统一技术措施要求，按时完成所承担的设计内容。

（3）协调校核结构、设备专业，保证与自己所承担的设计内容要求相一致。

（4）负责本专业图纸自校，并按校审意见进行修改。

（5）按照施工图审查意见进行答复、修改和变更。

（6）在专业负责人的安排下，参加专业定案、图纸会签、施工图交底、现场服务及竣工验收。

（7）按部门要求进行设计文件归档。

2.2.2 校对人岗位

校对人负责校对设计文件的准确性和完整性，由有三年以上工作经验的助理建筑师及以上职称的人员担任。其主要岗位职责如下。

（1）复核建筑面积等各项指标的准确性。

（2）检查图面所有尺寸、标高、图例、说明数据有无错、漏、碰、缺。

（3）检查门窗洞口尺寸、编号及数量，检查选用门窗做法的标准图集详图索引是否与设计相符。

（4）按公司提供的建筑专业校审提纲、要点及内容逐条逐项检查图纸。

（5）填写“设计文件校对记录单”并交设计人，逐条检查是否按意见修改，确定修改后签字。

2.2.3 专业负责人岗位

专业负责人负责本专业的设计进度和设计质量，是本专业的技术负责人和组织者，由具有建筑师及以上职称的人员担任。专业负责人应具有较强的责任心和沟通、组织、协调能力。规模较大项目、重点项目或具有多个子项的项目应指定专职的专业负责人，规模较小的独立项目可由设计人兼任专业负责人。其主要岗位职责如下。

（1）制订本专业的工作计划，负责各设计人的工作量分配并控制完成时间。

（2）负责编制本专业的统一技术措施，并在图纸完成阶段检查统一技术措施的落实、执行情况。

（3）负责把握设计功能合理性、建筑空间和外形效果（包括细部处理和材料选型），保证设计成果符合相关批文和规范强制性条文的要求。

（4）保证设计成果内容的完整性和准确性，保证构造合理，选用材料规格合适，施工、安装方便。

（5）负责按时给相关专业提条件和接收、落实其他专业的设计条件，负责签署“项目配合进度表”，在图纸会签阶段负责检查、核对相关专业图纸是否满足本专业的条件和要求。

（6）对外联系：负责本专业原始资料收集和甲方技术条件确认。

（7）专业定案和综合定案：负责提出专业方案。

（8）负责初步设计阶段文字部分的撰写，一般包括专业设计说明、消防专篇、节能专篇、节能计算书、图纸目录、室内外装修材料表。

（9）负责本专业的计算书（节能计算书、日照计算书等）和设计资料汇总，汇总后交项目总负责人归档。

（10）负责设计交底、现场服务，参加竣工验收。

2.2.4　项目总负责人岗位

项目总负责人负责项目的总体设计质量和设计进度，是项目设计的主持者和总指挥，由国家一级注册建筑师担任，部分工业类建筑也可由国家一级注册结构工程师担任，重大项目应由设计院总工、副总工担任。项目总负责人应具有强烈的责任心、专业知识和对内、对外的沟通协调能力。其主要岗位职责如下。

（1）认真贯彻执行有关法令、法规，严格执行和控制项目批准的规模、建设投资、建筑面积、设计标准及主要技术经济指标。

（2）编写项目开工报告，阐述项目概况，根据项目的规模、性质、设计任务书、设计进度等因素，深入、细致分析项目的设计要点、难点和关键点，提出设计指导思想、原则和目标，使各专业负责人在项目开始设计前就能对项目有清晰的了解和把握，便于明确重点、提高工作效率和设计质量。开工报告中应包括各专业人员安排和“项目配合进度表”。

（3）负责或指定专人负责对外接收和发放设计资料，接收甲方的设计要求和变更指令，判断其可实施性；做好外部和内部的接口工作，根据设计任务书，收集设计原始资料，组织现场踏勘，落实设计条件，负责安排图纸审查。在整个设计过程中，与甲方交往必须以书面文字为准并归档，避免口头认定。

（4）负责主持签订“项目配合进度表”，检查落实各阶段执行情况，保证任务按期完成。

（5）组织综合定案和施工图会签，协调各专业间的矛盾，解决一般性争议问题。

（6）组织各阶段设计及设计文件编制、设计审批及设计修改调整，负责汇总和编写初步设计提纲中的总说明、消防、民防、环保、劳动安全和卫生防疫等专篇，负责图纸编目、盖章。

（7）组织现场服务、回访及竣工验收。

（8）负责各专业计算书、设计文件校审记录单、审图意见回复单、各种设计原始资料及来往文件的归档工作。

2.2.5　审核人岗位

审核人负责把握、审核和解决本专业设计的重要技术问题，对主持的设计评审结论负责。当项目不设审定人时，审核人为项目的最高技术负责人。当项目设有审定人时，审核人也必须设置，重要技术问题应及时提请审定人确认和解决，专业定案和综合定案也应由审定人主持。其主要岗位职责如下。

（1）审查设计文件是否符合有关法规、规范、批文的要求。

（2）审查设计是否满足以强制性规范条文为主的其他相关规范的要求，按校审提纲校审设计说明和图纸。

（3）负责把握设计要点和解决设计难点，审查建筑使用功能和空间设计的合理性。

（4）审查设计是否构造合理，材料选用是否恰当，施工是否方便。

（5）评定图纸质量是否合格，能否达到深度要求。

（6）按建筑专业校审提纲、要点及内容，逐条逐项检查图纸。

（7）填写“设计文件审核记录单”并交设计人，逐条检查是否按意见修改，确认修改后签字。

2.2.6 审定人岗位

审定人负责审核和解决院管项目本专业设计的重大技术问题，对主持的设计评审结论负责，由经验丰富的、具有主持重大项目资格和能力的一级注册建筑师担任。为了确保设计质量，院管项目应设置审定人，其意义在于对重点项目增加一道高水平、高质量的把关、定案程序。其主要岗位职责如下。

（1）审查设计文件的重大技术问题是否符合有关法规、规范、批文的要求。

（2）审查设计是否满足强制性规范条文的要求。

（3）主持专业定案和综合定案，在出图阶段负责审查定案结论执行情况。

（4）按建筑专业审定人校审提纲和内容，逐条逐项检查图纸。

（5）填写“设计文件审定记录单”并交设计人，逐条检查是否按意见修改，确认修改后签字。

2.3 设计过程

2.3.1 建筑方案设计

建筑方案设计是指在建筑项目实施之前，根据项目要求和给定的条件确立项目设计主题、构成、内容和形式的过程。建筑方案设计的主要内容包括设计说明、总平面图、平面图、立面图、剖面图、效果图、分析图及必要详图等技术性图纸。

1. 设计方法

建筑方案设计方法可大体概括为“先功能、后形式”和“先形式、后功能”两类。

1)“先功能、后形式”方法

“先功能、后形式”是以平面设计为起点，重点研究建筑的功能需求，当确立比较完善的平面关系之后再据此转化成空间形象。这样直接“生成”的建筑造型可能是不完美的，为了进一步完善需反过来对平面做相应的调整，直到满意为止。

“先功能”的优势在于：其一，由于功能、环境要求是具体、明确的，与造型设计相比，从功能平面入手更易于把握、易于操作，因此对初学者最为合适；其二，因为满足功能需求是方案成立的首要条件，从平面入手优先考虑功能势必有利于尽快确立方案，提高设计效率。“先功能”的不足之处在于，空间形象设计处于滞后、被动的位置，可能会在一定程度上制约建筑形象的创造发挥。

2)“先形式、后功能”方法

“先形式、后功能”则是从建筑的体形、环境入手进行方案的设计构思，重点研究空间与造型，当确立一个比较满意的形体关系后，再反过来填充、完善其功能，对体形进行相应的调整。如此循环往复，直到满意为止。

“先形式”的优点在于，设计者可以与功能等限定条件保持一定的距离，更利于自由发挥个人丰富的想象力与创造力，从而产生富有新意的空间形象。其缺点是由于后期的填充、调整工作有相当大的难度，对于功能复杂、规模较大的项目有可能会事倍功半，甚至无功而返。因此，该方法比较适用于功能简单、规模不大、造型要求高、设计者又比较熟悉的建筑类型。它要求设计者具有深厚的设计功底和丰富的设计经验，初学者一般不宜采用。

2. 设计步骤

建筑方案设计通常可以分为四个主要阶段：前期准备、设计创意、方案表达、深化修改。各阶段需要提交不同形式与深度的工作成果。

1)前期准备

首先是设计任务书的解读。设计任务书是建筑方案设计的指导性文件。设计任务书对建筑方案设计工作提出了明确的要求、条件、规定以及必要的设计参数等。设计任务书的主要内容包括项目名称、立项依据、规划要求、用地环境、使用对象、设计标准、房间内容、工艺资料、投资造价、工程相关参数及其他要求。解读设计任务书的目的在于对项目设计条件进行分析，明确建筑的功能要求、空间特点、环境特点、经济技术因素等。对设计任务书的充分解读有助于建筑师目标明确地进行工作。

其次是设计信息的收集。设计任务书只是建筑设计信息的一部分，在充分解读设计任务书的基础之上，还应掌握更加全面的第一手设计资料，获得更充足的设计依据。设计信息收集的途径很多，主要包括实例调研、咨询业主、问卷调查、现场踏勘、调查研究、阅读文献、研究规范、案例分析等。

再次是设计条件的分析。一方面是外部设计条件分析，外部设计条件分析主要指对建筑方案设计的宏观背景进行分析，包括对项目当地的历史文化、经济条件、技术条件、气候条件的综合分析，还包括对项目的城市区位、交通设施、基础设施、区域未来发展规划等外部条件的分析。充分分析外部设计条件的利与弊，能够为后续的建筑方案设计工作提供直接的依据。另一方面是内部设计条件分析，内部设计条件是由里及外制约设计走向的因素，它决定了建筑的功能布局原则、空间组织方式、形体构成形式等。内部设计条件分析主要侧重于对功能的分析和对技术要求的分析，通常包括基地分析和建筑功能分析两个部分。基地分析主要包括对基地的周边状况（建筑、道路等）、现状、地形地貌、地质、朝向、城市规划法规（用地性质、用地界线、周边红线退界要求、日照间距、容积率、绿化率等）、景观资源等的分析。建筑功能分析则是指根据设计任务书提出的功能需求，绘制出建筑的功能关系因式，并根据具体设计要求进行深入、系统的分析。

最后是设计案例的分析。设计案例的分析通常有两种方式：一种是进行实例调研，即对性质与规模相似的已建成项目进行实地考察，以获得现场的直观体验；另一种是进行资料分析，即通过查阅图书、文献，收集同类型建筑的设计资料，寻求经验作为创新的基础与依据。

2）设计创意

设计创意即建筑方案创作的主题与概念。设计创意影响着建筑设计的发展方向，传递着建筑设计深层次的思想内涵。优秀的设计创意往往能令建筑设计作品脱颖而出，就如同优秀的文学作品一般能够打动人心。优秀的设计创意是建筑师对项目进行全面、深入、细致的调查研究后的结果，是建筑师对创造对象的文化、环境、功能、形式、经济、技术等方面综合的、深度的提炼，而绝非凭空想象或闭门造车。

设计创意阶段的工作成果主要是建筑设计草图。建筑设计草图的特点是开放性和不确定性，即探索多种不同的解决方案，它是对建筑整体性的思考。建筑设计草图的实质是一种图示语言与图示思维，它将不确定的、模糊的意象变为视觉可以感知的图形。设计灵感往往在图示思维的过程中偶然闪现并成为建筑设计创意的起点。图示语言表达出来的形象包含了不同层次的视觉思维表达，可作为评价、比较、交流、修改设计的依据与基础，成为建筑创作过程最好的记录方式。

3）方案表达

建筑方案表达即把建筑设计创意发展成为承载着具体功能与行为的"形式"，并通过图纸、模型（实体模型或计算机虚拟三维模型）、三维动画、视频等形式与手段表达出来。建筑方案表达的内容主要有建筑的总平面图、各层平面图、主要立面图、剖面图、彩色效果图、实体模型、文字说明等。方案表达阶段的工作成果主要是设计图纸、文本、模型、动画、视频等。

4）深化修改

建筑方案设计的过程是一个动态的图示思维表达的过程，建筑师在此过程中常常需要根据实践中出现的问题不断地进行设计方案的比选、调整与优化，以寻求更好的解决方案，直至拿出最终的设计成果。

2.3.2　建筑施工图设计

建筑施工图设计是一个建筑物从方案到建成的重要阶段，是建筑师创作意图的完整体现，设计人员主要根据已批准的设计方案或初步设计，通过详细的计算和设计，编制出完整的可供进行施工和安装的设计文件。建筑施工图设计的内容主要包括总平面图、设计说明、门窗表、建筑平面图、建筑立面图、建筑剖面图和建筑详图等技术性图纸。

1. 设计要点

1）落实编制依据

建设、规划、消防、人防等主管部门对工程的审批文件应一一落实，设计必须符合相关部门批件的规定。

2）满足规划要求

建筑工程设计应符合规划批准的建设用地位置要求，建筑面积及控制高度应在规划许可的范围内。

3）尊重功能需要

应从使用者的角度出发，研究使用者的行为，考虑使用是否方便、是否舒适。

4）熟悉工艺要求

一般建筑应根据使用要求组织好人流、车流、货流。餐饮建筑、宾馆、商场、医院、剧场、电影院等均有特殊的工艺流程。

5）正确使用规范

设计要遵守现行的国家及地方有关建筑设计的工程建设规范、规定，特别是防火规范。

规范、规程应齐全、正确，并为有效版本。

2. 设计步骤

1）确定图纸数量

根据房屋的外形、平面布置和构造内容的复杂程度以及施工的具体要求，确定绘制哪些图纸。对施工图的内容和数量要做全面的规划，防止重复和遗漏。在保证按时按质顺利完成任务的前提下，图纸的数量以少为好。

2）选择合适比例

在保证图样能清晰表达其内容的情况下，根据不同图纸的不同要求，选用不同的比例。

3）合理布置图面

图面布置要主次分明、排列均匀紧凑、表达清晰。在图纸大小许可的情况下，尽量保持各图之间的投影关系，或将同类型的、内容关系密切的图样集中在一张或序号连续的几张图纸上，以便对照查阅。

4）依序绘制图纸

绘制建筑施工图，一般按平、立、剖、详图的顺序进行。

2.4 实习训测

2.4.1 建筑制图基本要求

1. 绘制依据

请把下列标准的信息补充完整。

（1）《房屋建筑制图统一标准》（GB/T 50001—________）。

（2）《总图制图标准》（GB/T 50103—________）。

（3）《建筑制图标准》（GB/T 50104—________）。

2. 常用图纸比例的确定

（1）总平面图的图纸比例一般为 1 : 500 或 1 : 1 000。

（2）平面图、立面图、剖面图的图纸比例一般为 1 : 100 或 1 : 150。项目规模小又比较复杂时可以直接绘制 1 : 50 的平面图、立面图、剖面图。项目规模较大（在 0#图纸的图框中不能放下 1：100 或 1：150 的完整平面图）时，应先采用合适的比例绘制出完整的各层组合平面图，再选用1：100 或 1：150 的比例绘制分区平面图。

（3）放大图（住宅单元、核心筒、楼电梯、厨房、卫生间、自行车坡道和汽车坡道等）比例一般为 1：50。

（4）节点详图比例一般为 1：10、1：20 或 1：25。

3. 图幅的确定

图幅尽量统一，同一项目的图幅不应多于两种。优先选择 1#图幅。选择 0#图幅的条件：1#图幅不满足图纸布置要求。选择 2#图幅的条件：项目规模较小，全部图纸都可以用 2#图幅布置。除此之外，不应选择 2#图幅。

4. 图纸布置

图纸内容和详图编号在图框内的排列顺序是：先左后右，先上后下。在横图框内布置竖向图纸时，需将横图框顺时针转 90°，即读竖向布置的图纸时图框的图标和签字栏应在下方。

5. 尺寸线间距、长度和位置

（1）第一、二、三道尺寸线之间的距离为 8~10 mm。

（2）第一、二、三道尺寸界线线段的长度一般为 15~30 mm。

（3）详图和细部尺寸界线线段的长度可为 5~10 mm。

（4）当图面布置有条件时，第三道尺寸线的末端与所标注的外墙之间应留有 30~50 mm 的间距，以便标注其他详图索引。

6. 图纸编号

建筑施工图编号：建施 01~建施 99（或 JS01~JS99）。

建筑通用图编号：建通 01~建通 99（或 JT01~JT99）。

2.4.2　实习任务

（1）完成建筑识图练习（工程实例见 5.2 节）。

（2）运用 AutoCAD 软件抄绘一套小型建筑施工图纸。根据实习时间长短，可由教师指定抄绘的图纸内容或让学生以小组形式完成整套建筑施工图纸的抄绘。

建筑识图习题(一)

班级________ 姓名__________ 学号________________ 分数______

单选题(20题,每题5分,共100分)

1. 本工程[①]建设地点位于(　　)。

A. 江苏　　B. 宿迁　　C. 徐州　　D. 宿州

2. 建筑施工图代号为(　　)。

A. SS　　B. DS　　C. GS　　D. JS

3. 本工程外墙为(　　)。

A. 240 mm 厚黏土砖　　B. 200 mm 厚黏土砖

C. 200 mm 厚加气混凝土块　　D. 240 mm 厚加气混凝土块

4. 本工程结构形式为(　　)。

A. 砖混结构　　B. 框架结构　　C. 框剪结构　　D. 轻钢结构

5. 本工程图纸图幅为(　　)。

A. A1　　B. A2　　C. A3　　D. A4

6.1—1 剖面图所在图号为(　　)。

A. JS-06　　B. JS-07　　C. JS-08　　D. JS-09

7. JS-08 二层平面图中 M1022 为(　　)。

A. 木门　　B. 铝合金门　　C. 塑钢门　　D. 钢门

8. 一层平面图中 MC2460 为(　　)。

A. 弹簧门　　B. 平开门　　C. 推拉门　　D. 折叠门

9. 二层平面图中轻钢玻璃雨篷顶标高为(　　)m。

A. 2.400　　B. 2.700　　C. 3.000　　D. 3.200

10. 本工程主要屋面形式为(　　)。

A. 平屋顶　　B. 坡屋顶　　C. 平屋顶和坡屋顶

11. 下列说法正确的是(　　)。

① 本工程指的是5.2节的工程。

A. 本工程所有内墙均为 200 mm 厚加气混凝土块

B. 本工程所有外墙涂料均为白色涂料

C. 本工程外墙窗台板均设置 60 mm 厚通长 C25 现浇混凝土板

D. 本工程外墙门窗洞口周边 300 mm 范围内应用实心砌体或 C20 细石混凝土填实

12. 本工程散水向外的排水坡度为(　　)。

A. 2%　　B. 3%　　C. 4%　　D. 5%

13. 本工程外门窗气密性、水密性、隔声性能等级分别为(　　)。

A. 3、3、4　　B. 4、4、3　　C. 6、3、3　　D. 6、4、3

14. 本工程楼梯间屋面女儿墙高度为(　　)mm。

A. 300　　B. 400　　C. 600　　D. 700

15. 本工程楼梯踏步宽(　　)mm。

A. 250　　B. 260　　C. 280　　D. 300

16. 本工程坡屋面檐沟排水坡度为(　　)。

A. 0.5%　　B. 1%　　C. 2%　　D. 3%

17. 本工程体形系数为(　　)。

A. 0.15　　B. 0.19　　C. 0.20　　D. 0.21

18. 本工程一层楼梯外窗高度为(　　)mm。

A. 1 200　　B. 1 500　　C. 3 900　　D. 5 700

19. 本工程楼梯梯段扶手栏杆高度为(　　)mm。

A. 900　　B. 1 000　　C. 1 050　　D. 1 100

20. 本工程卫生间地面排水坡度为(　　)。

A. 0.5%　　B. 1%　　C. 2%　　D. 3%

建筑识图习题(二)

班级________　姓名__________　学号________________　分数______

一、单选题(20题,每题4分,共80分)

1. 本工程一层室内地面绝对高程为(　　)m。

A. 35.30　　B. 35.60　　C. 35.90　　D. 38.80

2. 本工程二层平面图中轻钢玻璃雨篷顶距室外地面(　　)m。

A. 2.4　　B. 2.7　　C. 3.0　　D. 3.2

3. 本工程所用的图幅尺寸为(　　)。

A. 297 mm × 210 mm　　B. 420 mm × 297 mm

C. 594 mm × 420 mm　　D. 841 mm × 594 mm

4. 本工程散水宽(　　)mm。

A. 700　　B. 600　　C. 500　　D. 300

5. 本工程楼梯踏步高(　　)mm。

A. 150　　B. 160　　C. 165　　D. 177.8

6. 本工程主要坡屋顶檐口顶标高为(　　)m。

A. 6.600　　B. 6.900　　C. 7.000　　D. 7.276

7. 对于一层门卫室 WM0922,宜选择(　　)。

A. 木门　　B. 铝合金门　　C. 塑钢门　　D. 三者均可

8. 本工程建筑高度为(　　)m。

A. 14.1　　B. 13.8　　C. 8.6　　D. 7.95

9. 本工程卫生间地面比门卫室地面低(　　)mm。

A. 20　　B. 30　　C. 50　　D. 100

10. 本工程二层办公室外窗防护栏杆高度为(　　)mm。

A. 900　　B. 1 000　　C.1 050　　D. 1 100

11. 本工程南、北立面突出外墙的柱子为(　　)。

A. 构造柱　　B. 框架柱　　C. 装饰柱

12. 本工程一层平面图中 MC2460 的实际高度为(　　)mm。

A. 5 700　　B. 5 800　　C. 5 950　　D. 6 000

13. 本工程屋面排水方式为(　　)。

A. 外排水　　B. 内排水　　C. 外排水和内排水

14. 本工程气候分区属于(　　)。

A. 严寒地区　　B. 寒冷地区　　C. 夏热冬冷地区　　D. 温和地区

15. 本工程楼梯二层平面大样图中水平段防护栏杆高度为(　　)mm。

A. 900　　B. 1 000　　C. 1 050　　D. 1 100

16. 本工程外窗采用(　　)。

A. 6+12A+6　　B. 6+6A+6　　C. 5+12A+5　　D. 5+9A+5

17. 本工程外墙采用的保温材料为(　　)。

A. 80 mm 厚模压聚苯板　　B. 80 mm 厚挤塑聚苯板

C. 60 mm 厚模压聚苯板　　D. 60 mm 厚挤塑聚苯板

18. 本工程楼梯平屋面为(　　)。

A. 保温上人屋面　　B. 非保温上人屋面

C. 保温非上人屋面　　D. 非保温非上人屋面

19. 本工程一层卫生间地面用的防水材料为(　　)。

A. 聚合物水泥防水涂料　　B. 高聚物改性沥青防水卷材

C. 高聚物改性沥青防水涂膜　　D. 聚合物水泥防水砂浆

20. 本工程 JS-14 节点详图①中Ⓐ轴标高“0.600”和“1.500”处墙体厚度分别为(　　)mm。

A. 300、200　　B. 300、300　　C. 400、300　　D. 300、400

二、问答题(2 题，共 20 分)

1. 结合本工程楼梯间实际情况，完成下表。(每空 1.5 分，共 12 分)

楼梯形式	开间尺寸	进深尺寸	梯段宽度	梯段长度	梯段步数	梯井宽度	中间休息平台净宽

2. 如果本工程设计完成时间为 2019 年 10 月 2 日，设计说明中选用的设计规范是否正确？请说明理由。(8 分)

学习单元 3　实习成果

3.1　认识报告

考察或调研一家建筑设计企业，并填写设计企业基本情况调研表。

3.2　总结报告

认识实习结束后，一周内应上交认识实习总结报告。内容一般包括认识实习期间完成的任务、得到的收获、存在的问题和解决的措施，同时结合岗位认识初步确定自己的职业规划并说明理由。

认识实习总结报告要求文字简洁、条理分明、内容全面、图文并茂，并装订成册，字数不少于 1 000 字。认识实习总结报告要求用 A4 纸打印，具体格式要求如下。

（1）字体、字号采用宋体、小四，行距为 1.5 倍。

（2）页边距：上 2.2 cm，下 2.2 cm，左 2.8 cm，右 2.2 cm。

认识实习总结报告封面附后。

设计企业基本情况调研表

企业名称			
企业地址			
调研方式		企业联系人及电话	
学生姓名		学号	
班级		联系电话	
企业基本情况简介（主要包括企业性质、企业规模、设计资质、组织架构、技术人员、业务范围、代表作品等）:			

续表

企业基本情况简介（主要包括企业性质、企业规模、设计资质、组织架构、技术人员、业务范围、代表作品等）：
年　　月　　日

（说明：企业代表作品及简介可另附图纸）

认识实习总结报告

（______年）

学　　院 ______________________

专　　业 ______________________

班　　级 ______________________

姓　　名 ______________________

指导教师 ______________________

学习单元 4　实习考评

4.1　考核

（1）学生必须完成实践教学的全部任务，完成实习认识报告和实习总结报告，方可参加考核。

（2）实践教学成绩按优（90 分及以上）、良（75~89 分）、及格（60~74 分）和不及格（59 分及以下）四级分制评定。

（3）实习指导教师可采取笔试、口试、答辩、实践操作等多种形式，对学生实习期间的学习态度、表现及实习内容掌握程度进行考核。

4.2　成绩评定

1. 评分标准

（1）实习考勤占 5%。

（2）实习认识报告（设计企业基本情况调研表）占 10%。

（3）实习总结报告占 15%。

（4）实践任务占 65%，其中识图任务占 20%，绘图任务占 45%。

（5）实习指导教师意见占 5%。

2. 不及格的情况

凡有以下情况之一者，成绩给予不及格。

（1）实习期间表现差，没有达到实习的基本要求，不按时交实习报告或实习报告不认真且有明显的错误（如抄袭），考核时不能正确回答主要问题。

（2）因病、因事累计缺席时间达实习规定时间三分之一及以上。

（3）未经指导教师批准，无故迟到或早退 3 次及以上。

（4）在实习期间严重违反学院规章制度，给考察或调研单位造成严重后果或恶劣影响。

学习单元 5　训测案例

5.1　建筑方案设计文本

建筑方案设计文本内容一般包括封皮、目录、设计说明及技术经济指标、效果图、分析图、建筑图纸等几个部分。其中,效果图主要包括规划设计方案的鸟瞰图、建筑单体效果图、重要街道的沿街效果图、规划平面节点效果图、主要出入口效果图等,一般不少于 2 个;分析图主要包括区位分析图、体量分析图、功能分析图、交通分析图、景观分析图等;建筑图纸主要包括总平面图、建筑平面图、建筑立面图、建筑剖面图等。

附图:徐州市国家基本气象站规划建筑方案设计文本一套。

02
2013年1月

JIANGSU XUZHOU CITY NATIONAL BASIC WEATHER

江苏·徐州市国家基本气象站

规划建筑设计方案

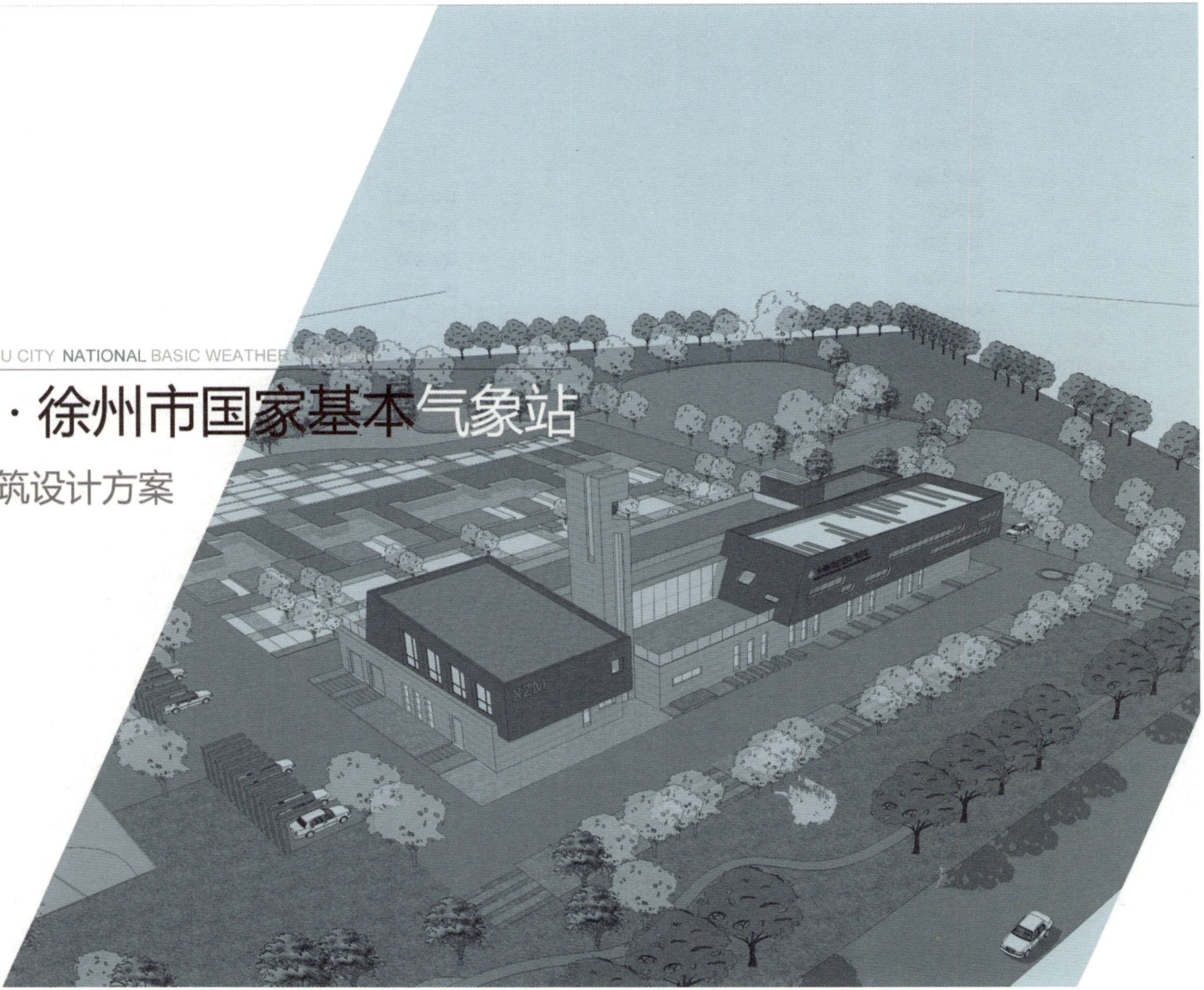

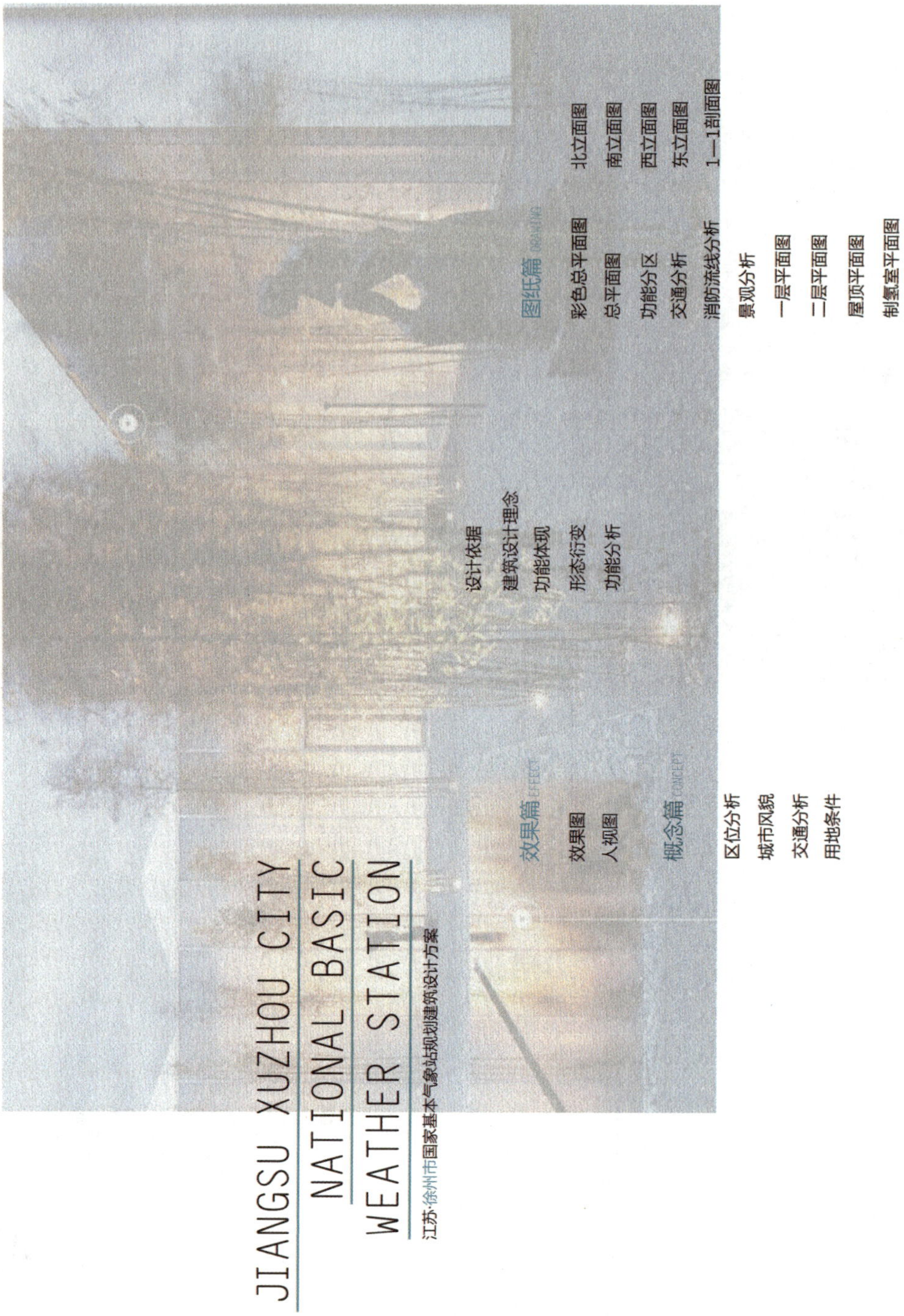
JIANGSU XUZHOU CITY
NATIONAL BASIC
WEATHER STATION
江苏·徐州市国家基本气象站规划建筑设计方案
效果篇 EFFECT
效果图
人视图
概念篇 CONCEPT
区位分析
城市风貌
交通分析
用地条件
设计依据
建筑设计理念
功能体现
形态衍变
功能分析
图纸篇 DRAWING
彩色总平面图
总平面图
功能分区
交通分析
消防流线分析
景观分析
一层平面图
二层平面图
屋顶平面图
制氢室平面图
北立面图
南立面图
西立面图
东立面图
1—1剖面图

江苏·徐州市国家基本气象站

JIANGSU XUZHOU CITY NATIONAL BASIC WEATHER STATION

JIANGSU XUZHOU CITY NATIONAL BASIC WEATHER STATION

效果篇 EFFECT

JIANGSU XUZHOU CITY NATIONAL BASIC WEATHER STATION 2013年1月

江苏·徐州市国家基本气象站

JIANGSU XUZHOU CITY NATIONAL BASIC WEATHER STATION

江苏·徐州市国家基本气象站

JIANGSU XUZHOU CITY NATIONAL BASIC WEATHER STATION

EYE VEIW 人视图

JIANGSU XUZHOU CITY NATIONAL BASIC WEATHER STATION

概念篇 CONCEPT

JIANGSU XUZHOU CITY NATIONAL BASIC WEATHER STATION 2013年1月

徐州市地图

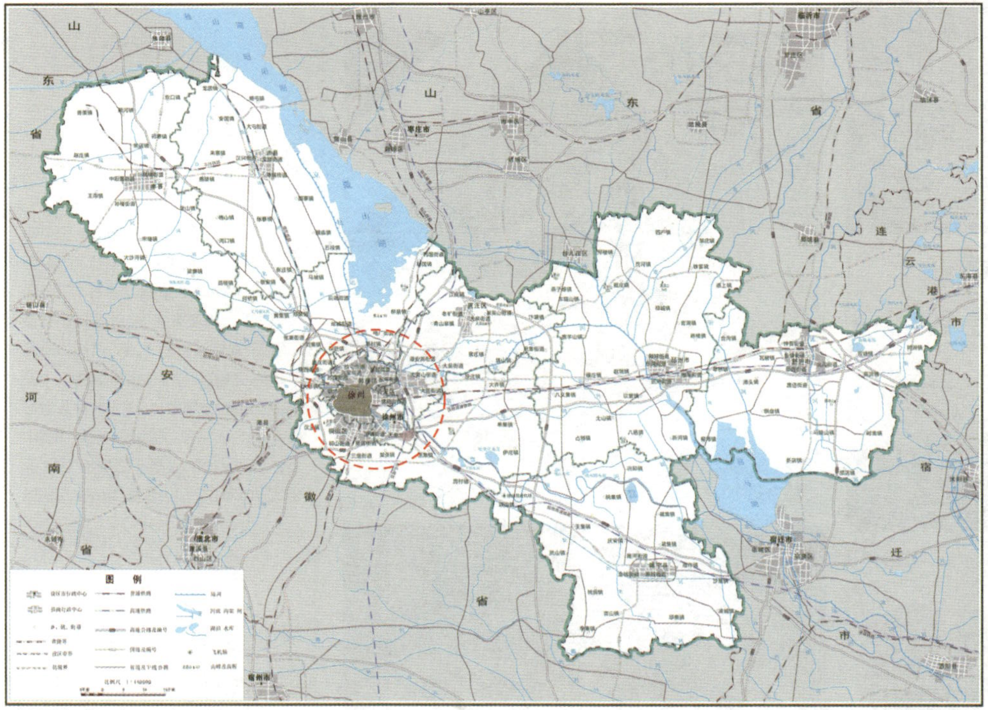

审图号：苏 S（2023）26 号　　2023 年 9 月　江苏省自然资源厅制

徐州市位于华北平原的东南部，是中国历史文化名城、江苏省重点规划建设的三大都市圈之一——徐州都市圈的核心城市。

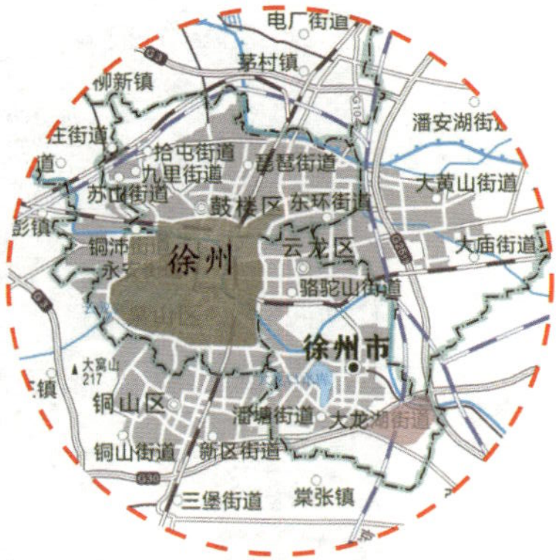

棕色部分表示徐州市三环以内，粉色部分表示本案

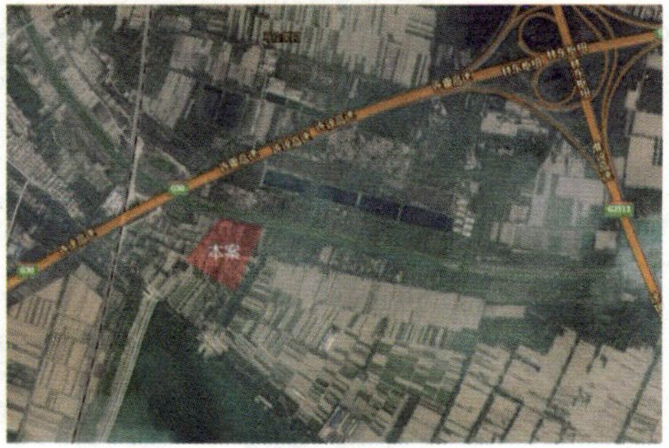

徐州古称彭城，有着历史悠久的灿烂文化和丰富的历史文化遗产，是江苏境内最早出现的城邑，是国家历史文化名城，也是汉高祖刘邦的故乡。在徐州，两汉文化遗存十分丰富，其中的汉墓、汉俑、汉画像石并称“汉代三绝”。徐州交通发达，基础设施较完备，素有“五省通衢”之称，是中国第二大铁路枢纽，京沪、陇海两大铁路干线在此交会，京杭运河穿境而过，沿岸建有四个内河大港。

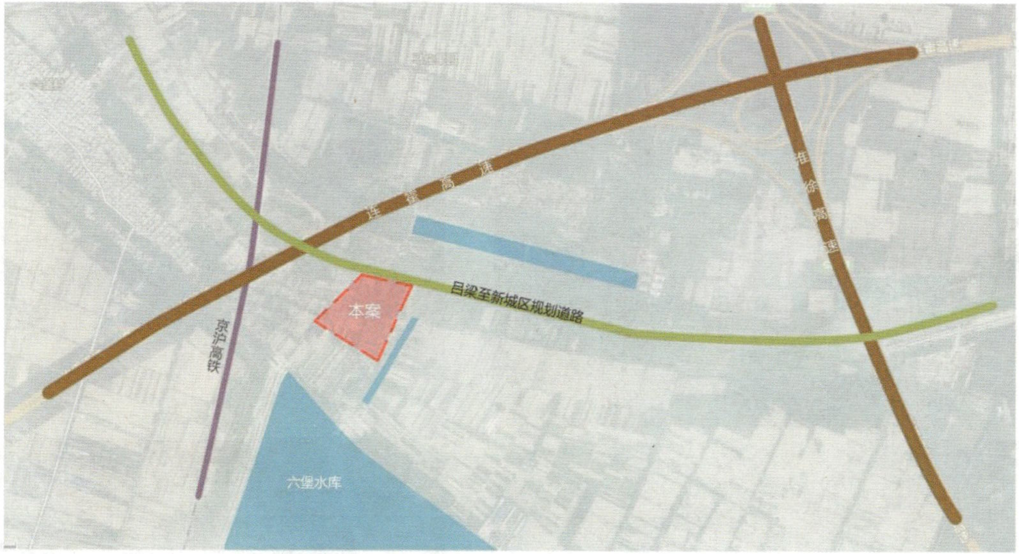

本项目地处徐州市云龙区，与六堡水库北侧相邻，用地面积为 33339.2 m²。项目区位交通便捷，紧临吕梁至新城区规划道路南侧、京沪高铁和连霍高速公路东侧。

用地条件
LAND USE CONDITION

1. 项目规模

项目规划用地 33339.2 m^2（约 50 亩），其中建设用地 4000 m^2（约 6 亩），其余均为绿化用地。

2. 设计依据

A. 江苏省徐州市城市总体规划。

B. 方案设计要求。

C. 用地勘测定界图。

D. 国家及江苏省徐州市相关的政策、法规。

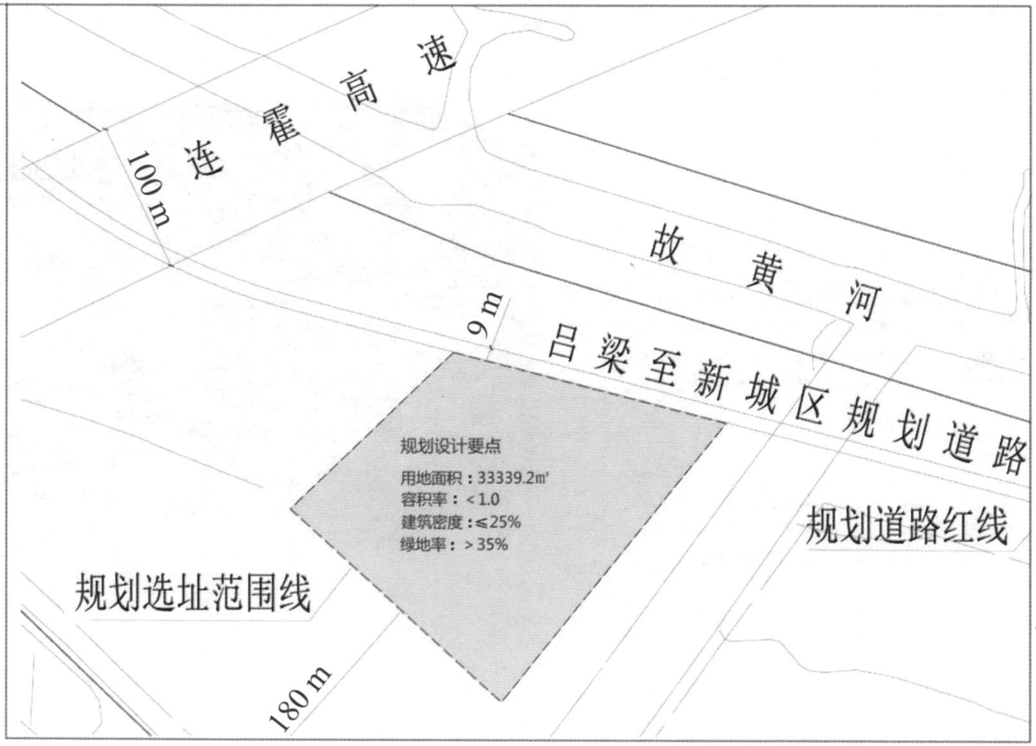

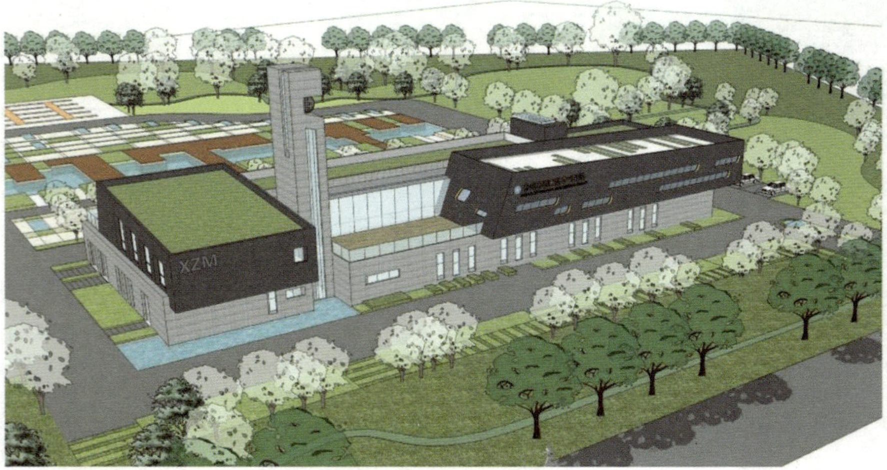

气象之门、气象万千

气象是能够容纳宏观的生命内涵的“气”之审美概念。“气象”虽涉及“象”，但它展示的是一种浩大、雄浑的由多元具象融于一体，充满生命、运动、活泼气息的组合之象，它代表着坚韧、沉毅。

气象站的设计从城市发展的过程出发，建筑总体布局呈简洁的 L 形，形态凝练又富有动感，局部由不规则形态排列组成，表现瞬间产生的爆发力，形成建筑与环境相互交织、交融的空间形态，展现了气象文化形象和城市区域的新界面。

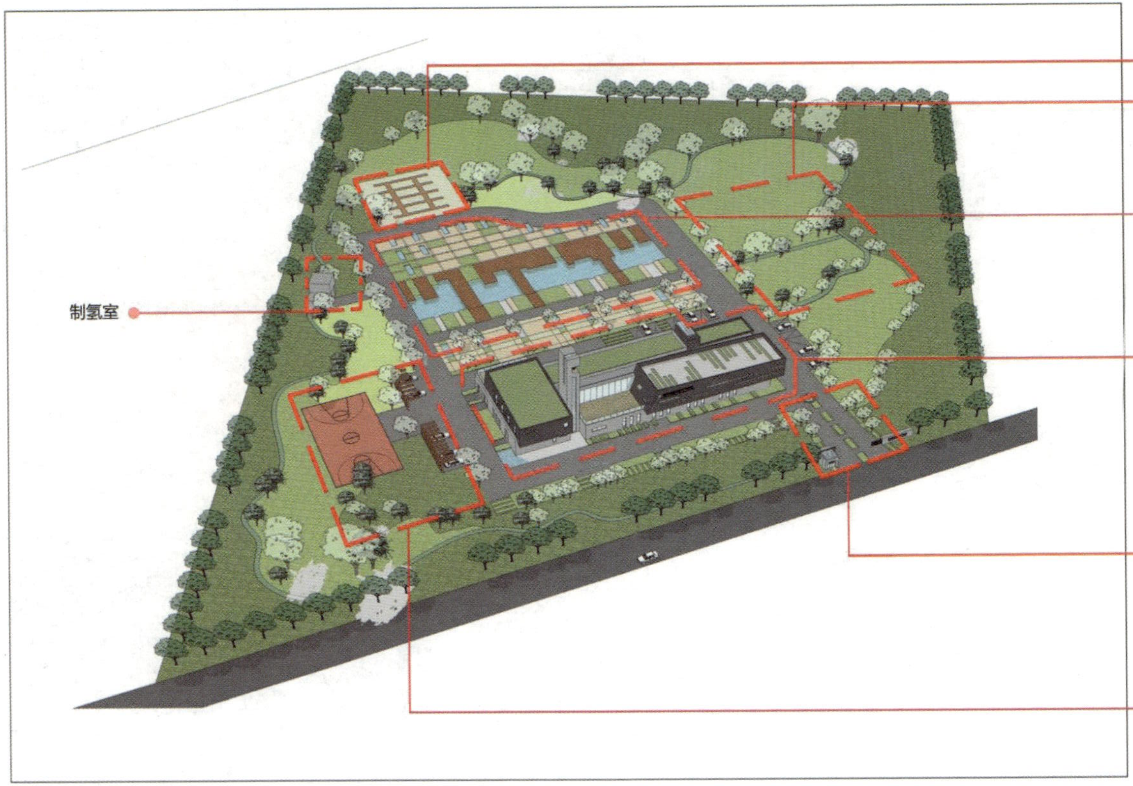

观测台

草坪

根据周边地形，设计大面积草坪和植物景观带，营造一种放松的氛围。

庭院活动区

基地条件优越，周围水资源丰富。方案从水入手，以水为纽带，将建筑与环境融为一体，创造一个宁静、舒适且富有江南水乡韵味的生态型庭院。

建筑

建筑总体布局采用简洁的L形，不同的功能区通过走道相互连接。建筑处理采用了空间穿插和折叠手法，形成一种简洁、纯净、朴素且极具现代感的建筑语言。

入口广场

人流主要集中在西北方向，入口广场临近公路干道设置，在设计上采用草坪与树池相结合的手法，营造丰富而又轻松的氛围，吸引视线。

球场活动区

临近建筑和绿色景观区设置球场活动区，营造放松的氛围，具有便捷性。

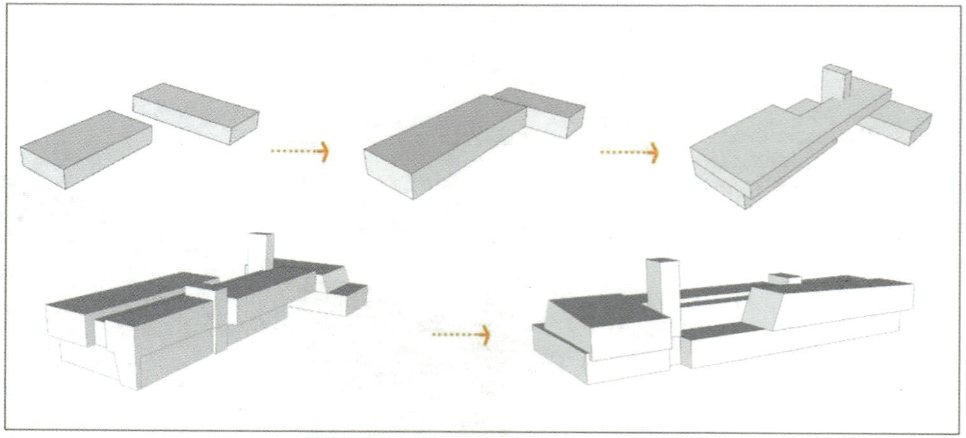

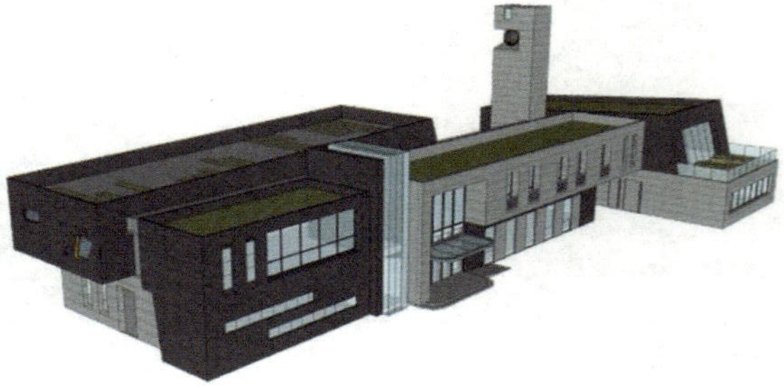

建筑主体的分与合

本案建筑力求摆脱习惯中的建筑形态原则，建筑主体通过空间穿插、折叠和多重组合的模式有机串联，形成一个连续的转折而成的拓扑结构，构成建筑体形的变化和空间的层叠，保证彼此的个性得以展现；同时，通过建筑间的宽窄变化和高低错落的对比转换，达到建筑形式统一而富有变化的设计追求，给人以强烈的转折感和动感。屋顶的造型丰富、有趣，主宰周围环境，内外景观兼而有之。

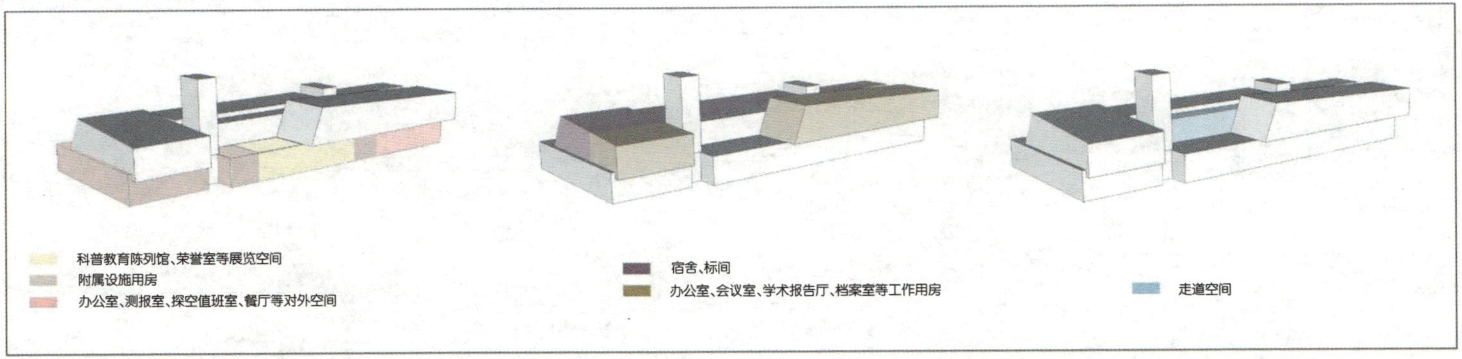

根据总体布局，科普教育陈列馆等设在建筑的北面，与城市主干道相接。办公室、测报室、探空值班室、餐厅等需对外的用房设在建筑的西北侧及南侧，面向户外，便于缓解工作人员的紧张感。职工活动室、附属设施用房设在建筑的东侧，功能分区明确。

二层功能布局充分利用建筑东西狭长的有利条件，使生活区、办公区等空间均朝向风景最佳的位置。生活区与办公区通过廊道相连，南面形成宁静的居住休息环境。

设计采用屋顶采光，既解决了房间的自然采光等问题，又丰富了室内空间，使建筑与环境融为一体。

江苏·徐州市国家基本气象站

JIANGSU XUZHOU CITY NATIONAL BASIC WEATHER STATION

JIANGSU XUZHOU CITY NATIONAL BASIC WEATHER STATION

图纸篇 DRAWING

JIANGSU XUZHOU CITY NATIONAL BASIC WEATHER STATION

2013年1月

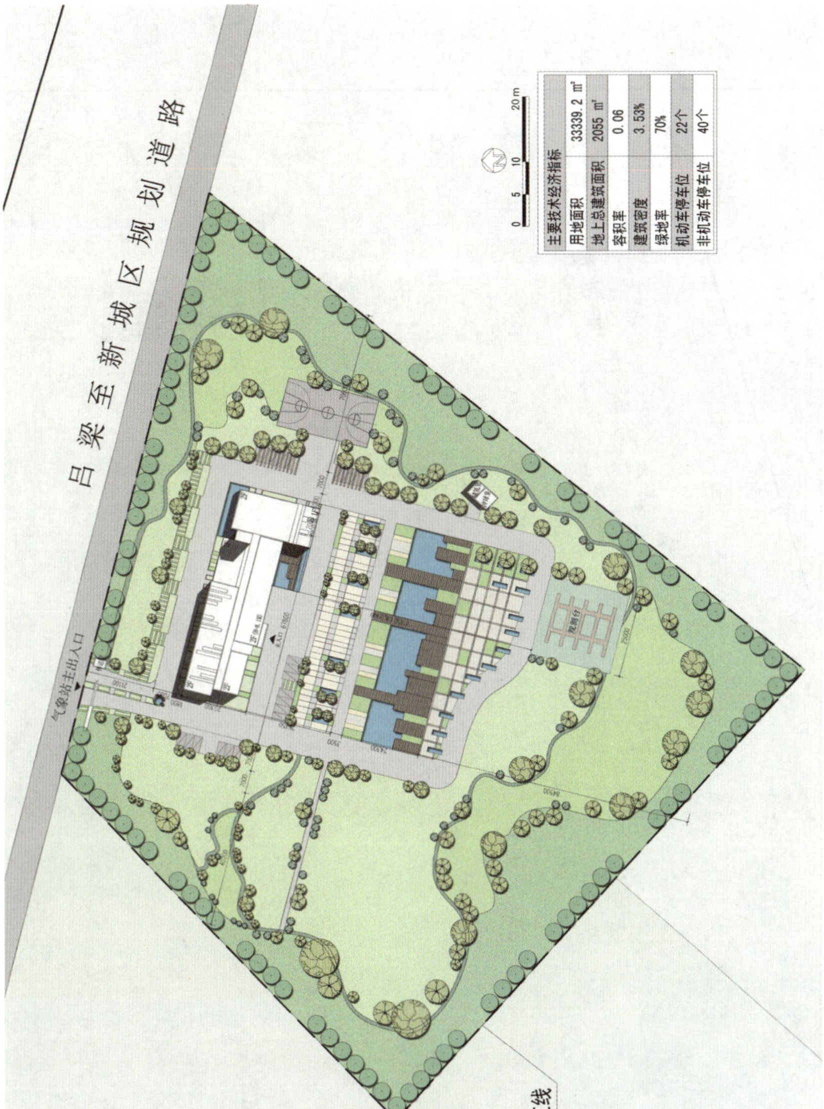

主要技术经济指标	
用地面积	33339.2 m²
地上总建筑面积	2055 m²
容积率	0.06
建筑密度	3.53%
绿地率	70%
机动车停车位	22个
非机动车停车位	40个

彩色总平面图 COLOR MASTER PLAN

MASTER PLAN 总平面图

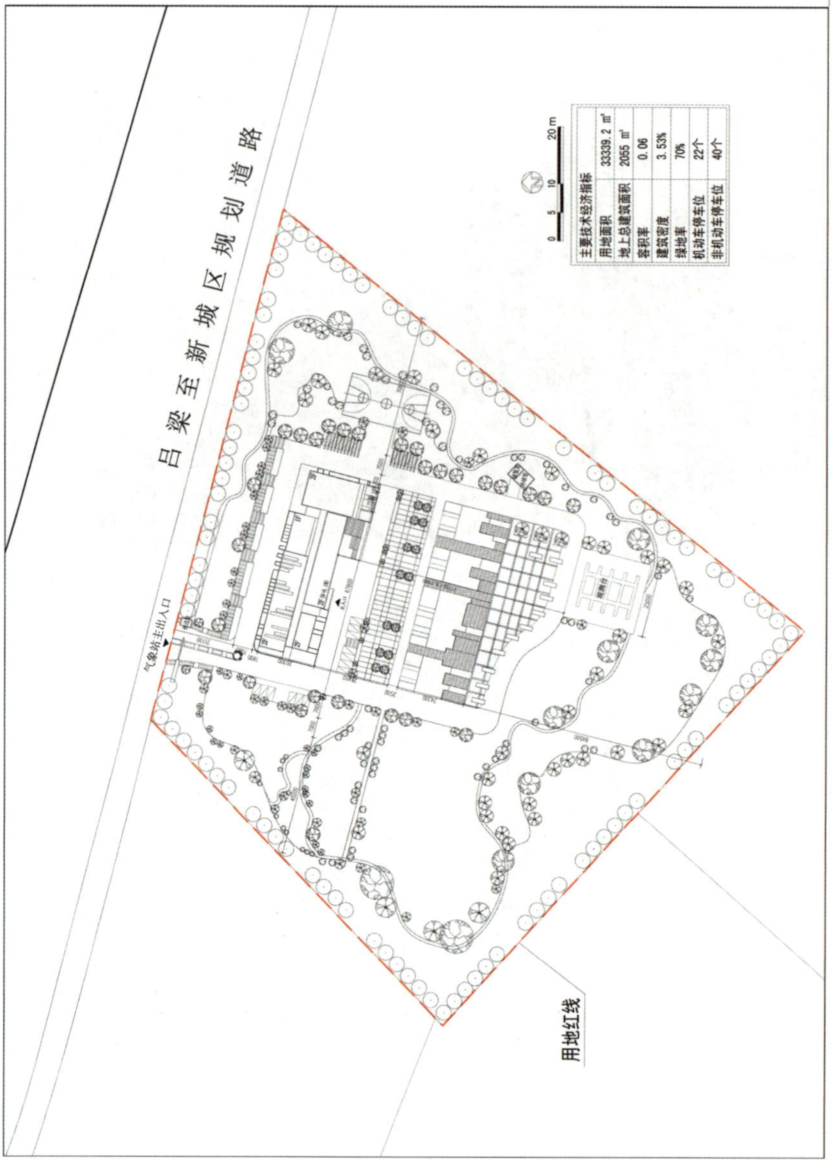

江苏·徐州市国家基本气象站

JIANGSU XUZHOU CITY NATIONAL BASIC WEATHER STATION

FUNCTIONAL DIVISION 功能分区

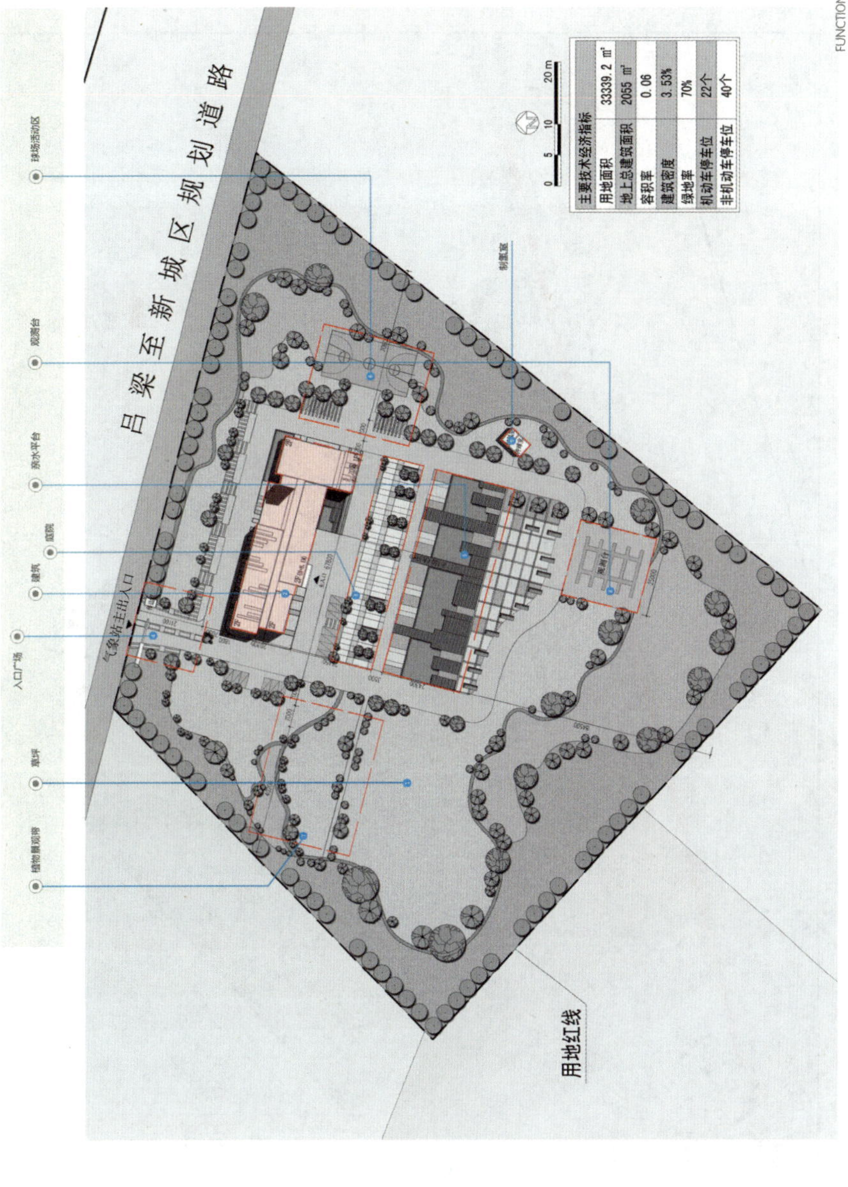

交通分析
TRAFFIC ANALYSIS

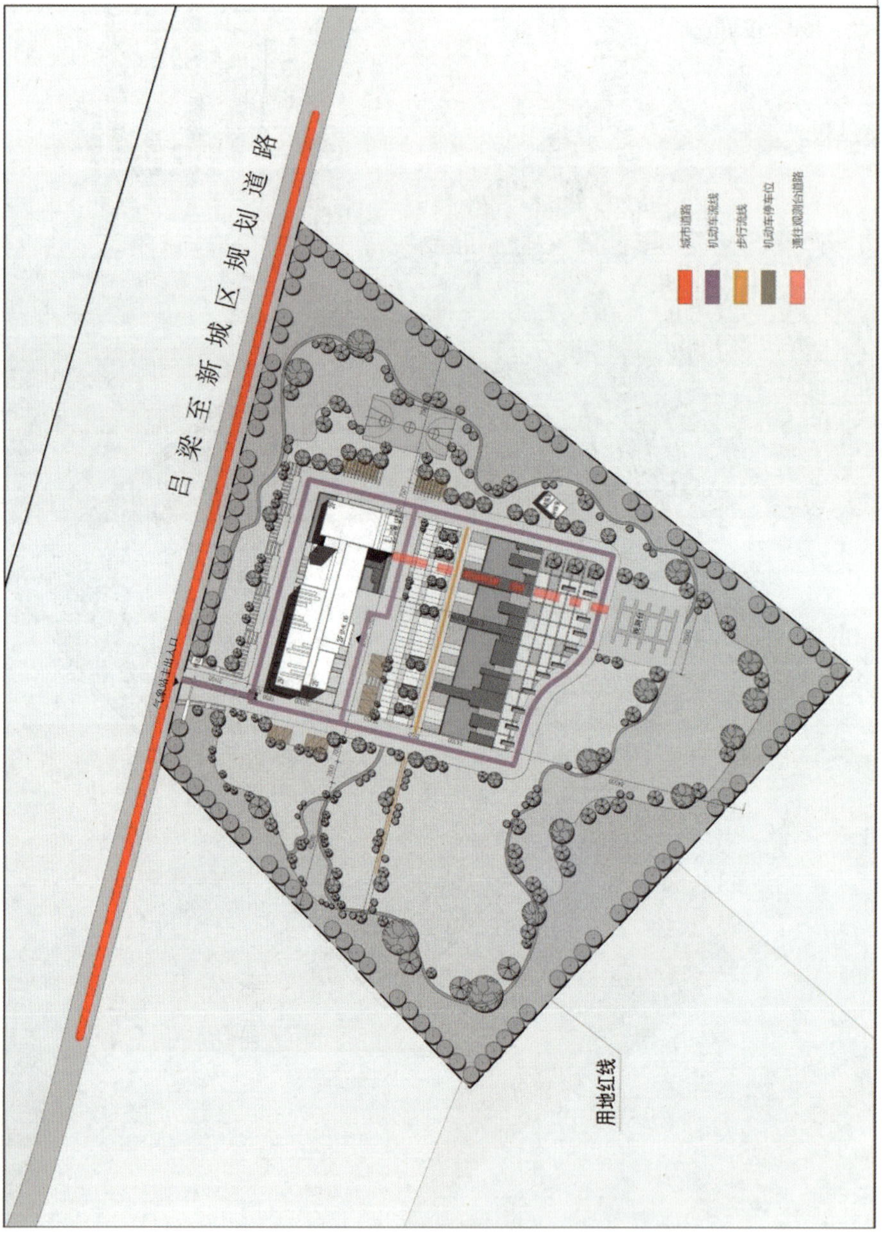

江苏徐州市国家基本气象站
JIANGSU XUZHOU CITY NATIONAL BASIC WEATHER STATION

消防流线分析
FIRE STREAMLINE ANALYSIS

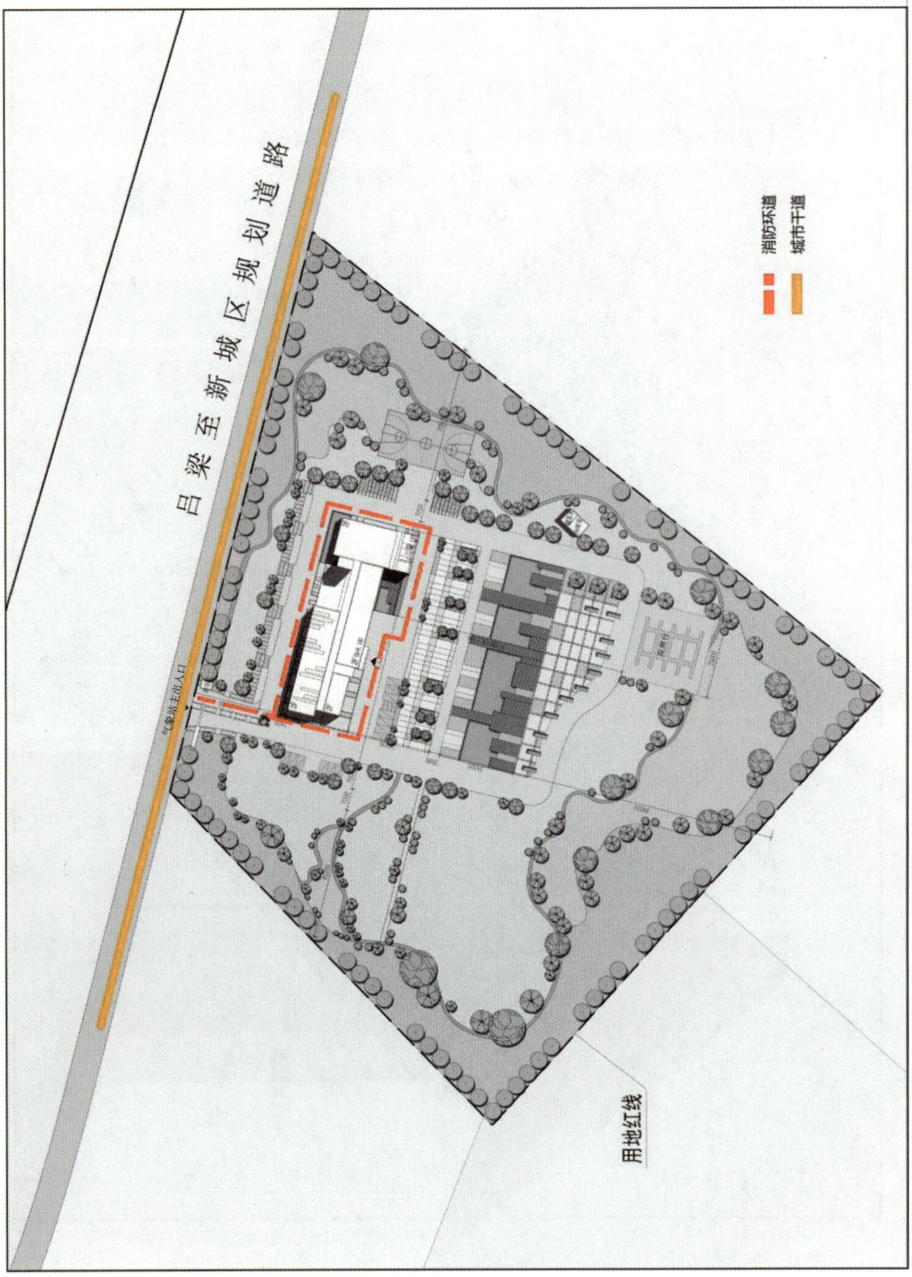

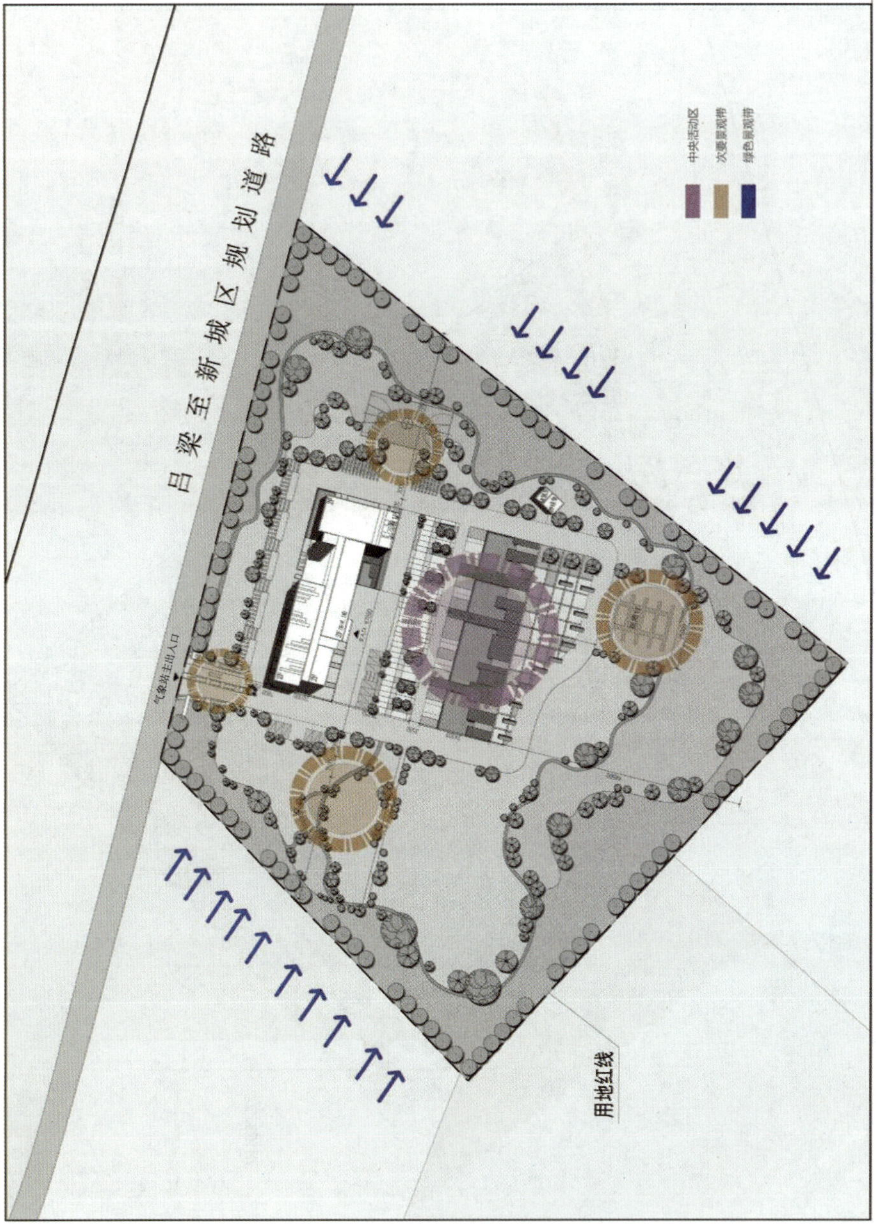
吕梁至新城区规划道路
气象站主出入口
用地红线
中央活动区
次要景观带
绿色景观带

江苏·徐州市国家基本气象站

JIANGSU XUZHOU CITY NATIONAL BASIC WEATHER STATION

一层平面图

江苏·徐州市国家基本气象站

JIANGSU XUZHOU CITY NATIONAL BASIC WEATHER STATION

二层平面图

本层建筑面积：995㎡

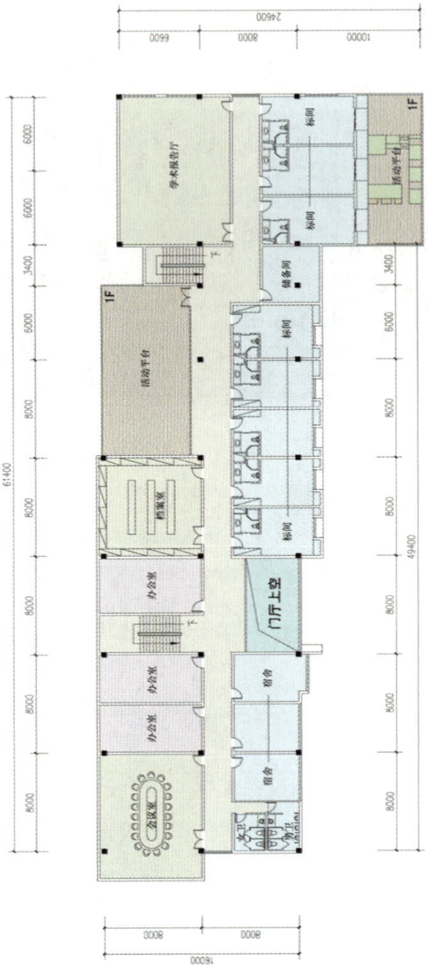

屋顶平面图、制氢室平面图

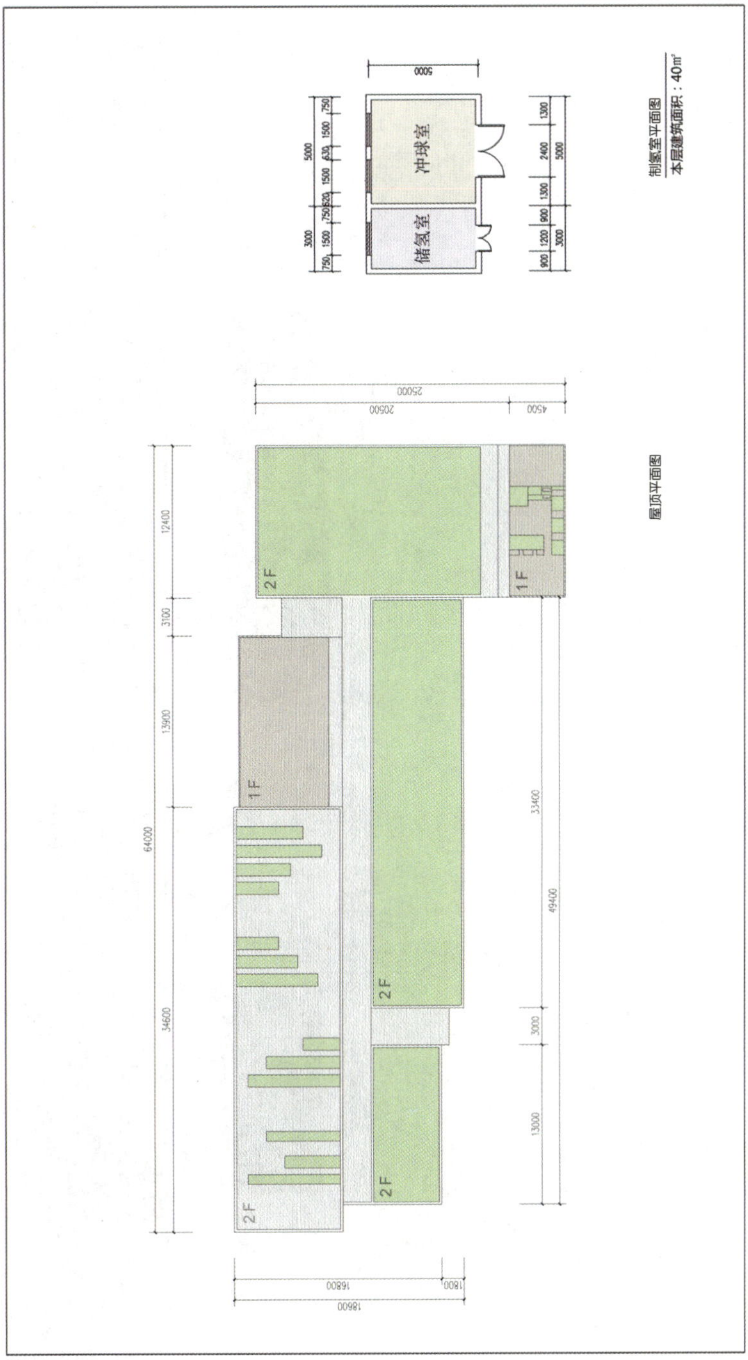

江苏·徐州市国家基本气象站

JIANGSU XUZHOU CITY NATIONAL BASIC WEATHER STATION

北立面图

NORTH ELEVATION

江苏·徐州市国家基本气象站
JIANGSU XUZHOU CITY NATIONAL BASIC WEATHER STATION
南立面图
SOUTH ELEVATION

西立面图
WEST ELEVATION

江苏·徐州市国家基本气象站

JIANGSU XUZHOU CITY NATIONAL BASIC WEATHER STATION

东立面图 EAST ELEVATION

SECTION 1:1 1—1剖面图

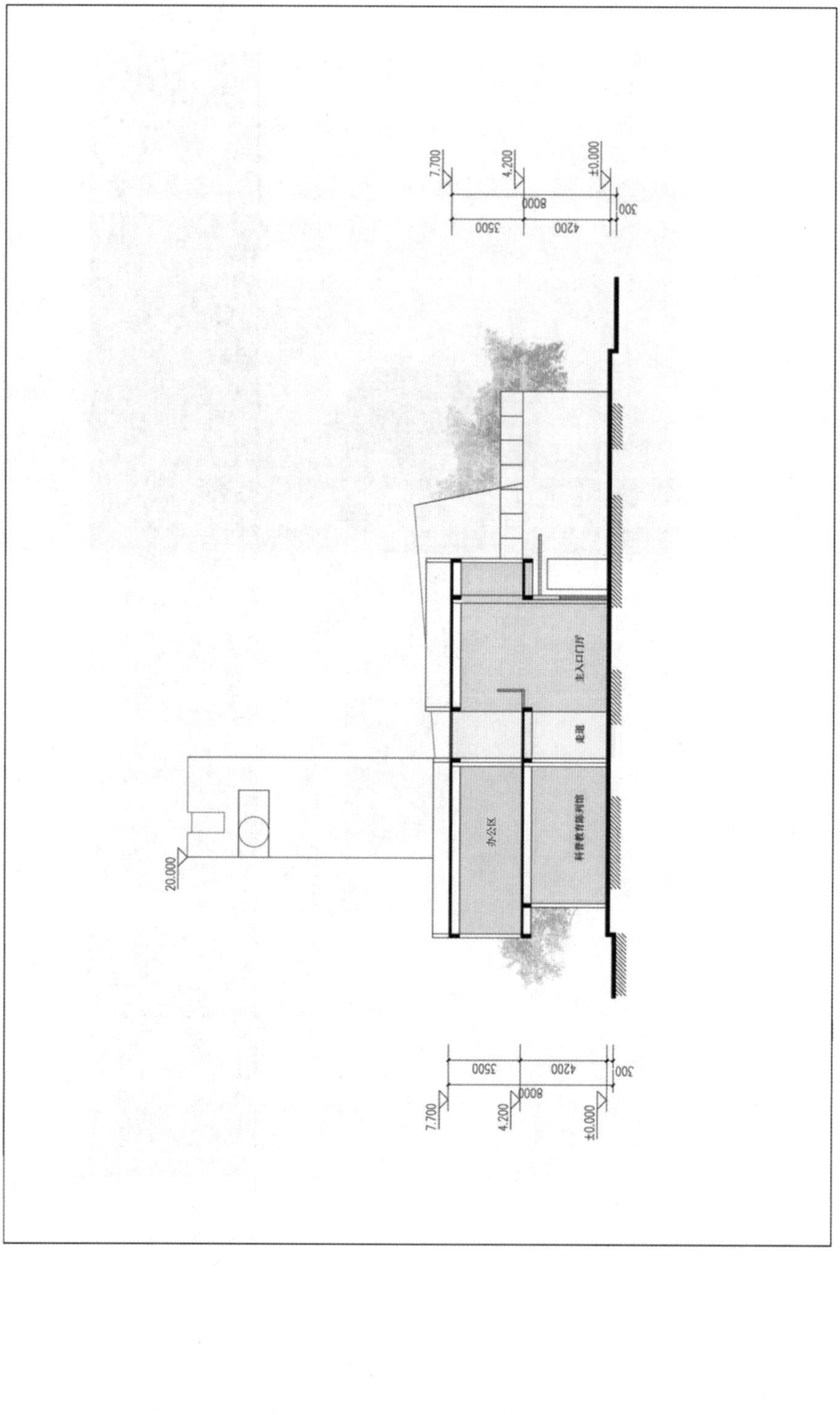

5.2　建筑施工图

建筑施工图是用来表示房屋的规划位置、外部造型、内部布置、内外装修、细部构造、固定设施及施工要求等的图纸。它包括施工图首页、图纸目录、设计说明、总平面图、平面图、立面图、剖面图和详图。

附图：徐州 × × 医院门卫房建筑施工图设计图纸一套。

徐州XX医院

门卫房

建筑施工图设计

设计编号：19026

设计证书编号：________

项目负责人：________

完成日期：________

xxxx设计有限公司 证书编号：A13200xxxx（建设部甲级）	图纸目录 LIST			
	设计编号 JOB No.	19026	日期 DATE	2019年3月
工程名称 PROJECT	门卫房		专业 MAJOR	建筑

序号 No.	图纸编号 DRAW No.	图纸内容 TITLE	图幅 SIZE	备注 REMARKS
01	JS-01	建筑设计说明(一)	A3	
02	JS-02	建筑设计说明(二)	A3	
03	JS-03	建筑设计说明(三)	A3	
04	JS-04	建筑设计说明(四) 门窗表	A3	
05	JS-05	建筑工程做法	A3	
06	JS-06	建筑节能设计专篇（建筑）	A3	
07	JS-07	一层平面图	A3	
08	JS-08	二层平面图	A3	
09	JS-09	屋顶层平面图	A3	
10	JS-10	①~⑤立面图	A3	
11	JS-11	⑤~①立面图	A3	
12	JS-12	Ⓔ~Ⓐ立面图	A3	
13	JS-13	Ⓐ~Ⓔ立面图	A3	
14	JS-14	1—1剖面图	A3	
15	JS-15	楼梯平面大样图	A3	
16	JS-16	楼梯剖面大样图	A3	
17	JS-17	门窗大样图	A3	
18	JS-18	墙身大样图	A3	

设计		专业负责人		审核		项目负责人	

建 筑 设 计 说 明 (一)

一、工程概况

1. 工程名称：徐州××医院门卫房。
2. 位置及朝向：本工程位于徐州市泉山区羊山路南侧。室内 ±0.000 相对黄海高程 35.60 m。
3. 建筑规模：本工程层数二层，建筑面积 185.5 m²，建筑高度 7.95 m。
4. 本工程为普通多层建筑，主体耐火等级为二级；结构体系为框架结构，抗震设防烈度为七度，建筑物耐久年限为 50 年。

二、设计依据

1. 设计任务委托书。
2. 业主提供的工程地质基础资料等。
3. 由当地相关部门批准、甲方认可的设计方案。
4. 设计中使用的规范：

《民用建筑设计通则》(GB 50352—2005)；

《工程建设标准强制性条文》(房屋建筑部分)(2009 年版)；

《建筑设计防火规范(2018 年版)》(GB 50016—2014)；

《建筑玻璃应用技术规程》(JGJ 113—2015)；

《办公建筑设计规范》(JGJ 67—2006)。

5. 现行的国家及地方有关建筑设计规范、规程和规定。

三、基本要求

1. 施工单位应在施工前熟悉图纸，经我院各专业技术交底后方可施工；未经同意不得擅自变更设计。
2. 本工程总平面图高程及尺寸、标高以米(m)为单位，其他图纸尺寸以毫米(mm)为单位。
3. 各层标高为完成面标高，屋面标高为结构面标高。
4. 所有尺寸均以图面标注为准，不可直接测量图纸；所有尺寸均须在现场校核准确后方可施工。
5. 有关施工质量、操作流程、验收标准均以国家部委和本市颁发的有关规范、规程、验收标准为准。
6. 所有与水电、通风等有关的预埋件、预留孔洞，施工时必须与相关的图纸密切配合。
7. 本工程室内环境污染控制类别为Ⅰ类，所选用的建筑材料和装修材料必须符合《民用建筑工程室内环境污染控制规范》(GB 50325—2010)，所选材料的放射性均应满足国家现行有关规范和规定的要求，且应有质保书，以确保工程质量。
8. 本工程应按国家现行有关安全生产的规范和法规组织生产，应特别注意外挑及超高构件的施工安全防护；建筑内外临空处及预留孔洞部位，均应采取临时安全防护措施。
9. 白蚁防治应严格遵守《江苏省房屋建筑白蚁预防工程施工操作规程》。

四、标高与施工图纸代号

1. 本工程建筑物平面定位详见总平面图。
2. 施工图纸代号：

工种	建筑	结构	给排水	电气	暖通
施工图纸代号	JS	GS	SS	DS	NS

五、墙体工程

1. 外墙部分：除注明外均为 200 mm 厚加气混凝土砌块；构造做法详见建筑节能设计专篇及建筑各部分工程做法。
2. 内墙部分：除注明外均为 200 mm 厚加气混凝土砌块。
3. 本工程地下工程墙体(±0.000 以下)及要求详见结施设计总说明。
4. 图例：钢筋混凝土<50 时 ▬ ≥50 时 ▨；煤矸石烧结多孔砖/加气混凝土砌块 <50 时 ▭ ≥50 时 ▨
5. 墙体拉结，每隔 500 mm 高配置 2 ϕ6 钢筋，并与相邻墙拉结，具体做法详见结施及有关规定。
6. 隔墙均砌至梁底或板底。填充墙与混凝土墙、柱交接处铺 400 mm 宽镀锌钢丝网片，丝径为 0.9 mm，网格尺寸为 12.7 mm×12.7 mm，每边搭接 200 mm 宽(不包括梁顶)，具体要求详见 GS。暗装内墙上的消火栓背面加铺一层钢板网再进行墙体抹灰和粉刷。基层为钢筋混凝土时先刷一道内掺水重 3%~5%的黏合剂。
7. 室内墙柱、门窗的阳角在 2 m 的高度内均做 15 mm 厚 1 : 2.5 水泥砂浆护角线，每侧宽 50 mm 并应抹成小圆角。
8. 外墙窗台、窗楣、雨篷、阳台、压顶和突出腰线等上面，应做流水坡，下面做滴水线，其宽度和深度均不小于 10 mm，并应整齐划一；遮阳板、雨篷等凡突出墙面 200 mm 以上者，板上面按图纸要求抹出流水坡，板下按规定位置做滴水槽。

会签专业	签名	日期
建筑		
结构		
给排水		
暖通空调		
电气		

合作单位

××××设计有限公司

工程设计证书：

设计总负责人	
注册师	
制图人	
设计人	
专业负责人	
校核人	
审核人	
审定人	
建设单位	徐州XX医院
项目名称（子项目名称） 项目	门卫房
子项目	
图名	建筑设计说明(一)
设计编号 19026	设计阶段 施工图
专业 建筑	日期 2019-03-18
版本号 V1	
图号 JS-01	

建筑设计说明（二）

9. 外墙窗台标高处，设置 60 mm 高通长 C20 现浇钢筋混凝土板带，内配 3 ϕ 8 ϕ 6@200 钢筋，要求详见 GS。

10. 所有砖砌管道井内壁均用 1 : 1 : 4 混合砂浆抹面 20 mm 厚，当无法二次抹灰时须用砌墙砂浆随砌随抹平。

六、防水设计

1. 所有防水工程均应按《屋面工程技术规范》（GB 50345—2012）的相关规定设防和施工。防水材料均应采用非焦油型；防水卷材宜采用冷粘贴工艺施工。防水施工时基层含水率不应高于 9%，且在雨天及 4 级风以上天气不得施工。

a. 屋面防水：防水等级为Ⅱ级。

防水层次：二道设防（二柔），即两道柔性防水卷材，再加一道刚性防水抗裂细石混凝土保护层。

具体构造做法详见防水做法表。

设防要求：所有防水材料的四周女儿墙阴阳转角处均应附加一层防水材料。

凡穿屋面的管道或泛水以上的外墙穿管，等安装完成后采用细石混凝土封严，管根周围应嵌填防水胶与防水层闭合。

施工按《屋面工程质量验收规范》（GB 50207—2012）的要求执行。

b. 卫生间防水。

防水材料：防水涂料或聚合物水泥防水砂浆。　　　　防水层次：一道设防或复合防水。

设防标准：坡向地漏的坡度应≥1%；空心砌块、加气混凝土砌块等轻质隔墙离地面 300 mm 高处，应捣 C20 混凝土墙基，宽同墙厚；卫生间内墙应全部做防水处理。

c. 外墙防水。

防水材料：聚合物水泥基防水涂料，聚合物水泥砂浆。

设防标准：外墙门窗洞口周边 300 mm 范围内应用实心砌体或者 C20 细石混凝土填实。

外墙不同材料交接处应在找平层中附加金属网，网宽 300 mm。找平层的强度等级不应低于 M7.5，与墙体基面的抗拉黏结强度不应低于 0.4 MPa。外墙变形缝必须做防水处理。

七、门窗/幕墙、玻璃、油漆及栏杆工程

1. 门窗和幕墙的立面形式、数量、尺寸、色彩、开启方式、型材、玻璃及五金配件等详见门窗和幕墙立面图。

2. 本工程所注门窗和幕墙尺寸均为洞口尺寸，立面为外视立面，制作时应扣除洞口周边预留的安装缝隙，详见表 1。

表 1　门窗安装预留缝隙　（mm）

饰面材料	金属板	清水墙	涂 料	面 砖	石 材
预留缝隙	5	15	20	25	50

3. 门窗和幕墙型材的规格、尺寸及玻璃（或石材）的厚度应由具有设计资质的专业公司计算确定，并对其安全质量负责。专业公司的二次设计须经建筑设计单位和审图机构审查确认后方可施工。

4. 外门窗的抗风压性能、气密性、水密性、隔声性能应满足表 2 的要求。

表 2　外门窗的性能要求

性　能	单　位	最低性能要求		适用范围	适用标准
外门窗抗风荷载标准值	kPa	2.6		离地 60 m 以下	GB 50009—2012
幕墙抗风荷载标准值	kPa	3.1		离地 100 m 以下	
外门窗气密性	q_1[m³/(m·h)]	6 级	$0.5<q_1\leq1.5$	本工程	GB/T 7106—2008
	q_2[m³/(m²·h)]		$1.5<q_2\leq4.5$		
幕墙气密性	q_L[m³/(m·h)]	3 级	$q_L\leq1.5$	本工程	GB/T 21086—2007
	q_A[m³/(m²·h)]		$q_A\leq1.2$		
外门窗水密性	Pa	4 级	510	离地 60 m 以下	GB/T 7106—2008
幕墙水密性	Pa	4 级	700	离地 100 m 以下	GB/T 21086—2007
外门窗空气隔声性能	R_w(dB)	3 级	$30<R_w\leq35$	朝向城市道路	GB/T 8485—2008
幕墙空气隔声性能	R_w(dB)	3 级	$30<R_w\leq40$	朝向城市道路	GB/T 8485—2008
保温窗保温性能	W/(m·K)	≤2.4		—	—

5. 外门窗的保温性能、采光性能详见建筑节能设计专篇。凡推拉窗均应加设防窗扇脱落的限位装置。

6. 外门窗洞口（侧口及上下口）保温做法详见国标图集《墙体节能建筑构造》（06J123），保温板厚 20 mm。

7. 玻璃门窗和玻璃幕墙的设计、制作和安装应符合《建筑玻璃应用技术规程》（JGJ 113—2015）和《玻璃幕墙工程技术规范》（JGJ 102—2003）的规定；金属幕墙和石材幕墙的设计、制作和安装应符合《金属与石材幕墙工程技术规范》（JGJ 133—2001）的要求。

会签专业	签名	日期	
建筑			
结构			
给排水			
会签专业	签名	日期	
暖通空调			
电气			

合作单位

出图章

××××设计有限公司

工程设计证书：

设计总负责人		
注册师		
制图人		
设计人		
专业负责人		
校核人		
审核人		
审定人		

建设单位　徐州XX医院

项目名称（子项目名称）

项目　门卫房

子项目

图名　建筑设计说明（二）

设计编号 19026	设计阶段 施工图
专业 建筑	日期 2019-03-18
版本号 V1	
图号 JS-02	

会签专业	签名	日期
建筑		
结构		
给排水		

会签专业	签名	日期
暖通空调		
电气		

建筑设计说明（三）

8. 外窗应安装标准化附框。附框预先安装在门窗洞口中。其构件尺寸、材料、生产工艺等应符合标准化要求，且满足热桥部位的热阻要求。门窗、幕墙宜由专业厂家在工厂制作，出厂要有合格证书。

9. 玻璃门窗、玻璃幕墙、玻璃隔断、玻璃栏板、天窗、橱窗等，其中安全玻璃的使用范围应遵照《建筑安全玻璃管理规定》（发改运行[2003]2116号）执行。

10. 门窗立樘位置：外门窗一般居墙中（注明者除外），内门与开启方向的墙面取平。卫生间的门扇宜高出楼地面20 mm。

11. 落地玻璃窗、低窗台窗（窗台高度<0.9 m），应在其内侧（或有人活动一侧）设置安全防护栏杆或采取其他有效安全措施，并须满足有关规范的要求。

全玻门应采用钢化安全玻璃，并设安全防撞提示标志。门窗玻璃面积≥1.5 m² 或距地高度为0.5 m以下时应采用钢化安全玻璃。除图中另有标注外，内门均做盖缝条或贴脸板。

12. 凡预留木砖和木活隐蔽靠墙处均刷防腐油防腐；门窗及露明木活等木装修均一底二度栗壳色调和漆二道；金属材料必须除锈并刷红丹二度打底，黑色调和漆二道。

13. 楼梯水平段栏杆长度大于500 mm时，扶手高度不小于1 050 mm；窗台和阳台护栏、楼梯栏杆、临空处护栏等竖向栏杆净间距均不大于110 mm，高度见设计。本工程金属型材主要受力杆件壁厚应符合如下要求：

a. 不锈钢，壁厚≥1.5 mm；b. 型钢，壁厚≥3.5 mm；c. 铝合金，壁厚≥3.0 mm。

14. 公共建筑内栏杆抗水平荷载不应小于1.0 kN/m。

八、楼地面

楼地面工程应按《建筑地面工程施工质量验收规范》（GB 50209—2002）进行施工及验收。

九、屋面

1. 屋面工程必须严格按照《屋面工程技术规范》（GB 50345—2012）进行施工、验收。

2. 屋面为瓦屋面，带坡，自由落水。

十、室外装修

1. 本工程外立面装修用材及色彩详见立面图及效果图，构造做法详见建筑构造统一做法表及外墙节点详图。

2. 装修所用材料应在施工前提供样板，经建设单位和设计单位认可后方可施工。

十一、室内外装修

1. 室内一般装修详见建筑构造统一做法表及有关节点详图。装修所用材料应采用对人体无毒无害的环保型材料，同时符合《民用建筑工程室内环境污染控制规范》（GB 50325—2010）的规定，并应在施工前提供样板，经建设单位和设计单位认可后方可施工。

2. 室内精装修详见二次装修设计图，并由建设单位另行委托设计单位。二次装修设计须经有关主管部门审批，并应满足消防安全要求，同时不得影响结构安全和损害水、电、暖通等设施。

3. 所有抹灰墙面的阳角均须先做1∶2水泥砂浆护角，护角高2 000 mm，两侧宽50 mm。轻钢龙骨石膏墙基板材顶棚阳角处均应先做金属护角，然后再进行面层施工。

4. 装卸平台、停车区的柱、墙体阳角处均应设防护条，高度不小于1 m，做法见防撞保护节点。

5. 外墙从基体表面至饰面层应留分隔缝，间隔按立面可预留或后切，金属网、找平层、防水层、饰面层应在相同位置留缝，缝宽5 mm，切缝后宜采用空气压缩机具吹除缝内的粉末，嵌填高弹性耐候胶。

十二、防火设计

1. 本工程层数为两层，每层建筑面积为96.7 m²，建筑高度为7.95 m；耐火等级为二级；设一部疏散楼梯。

2. 楼梯梯段宽度不小于1 100 mm，满足规范的要求。

十三、节能设计

1. 总平面规划图中的朝向、间距、自然通风和绿化。

2. 单体设计中的体形、自然采光通风、围护结构（屋顶、外墙、外门窗）的保温隔热及其热工性能指标。

3. 具体节能设计措施及围护结构的各项热工性能指标详见建筑节能设计专篇。

十四、环保及室内环境污染控制设计

1. 环境保护及污染防治设施应与主体工程同时设计、同时施工、同时使用，即环保"三同时"原则。

2. 总体规划采取了有利于环保和控污的措施。

3. 各种污染物（如废气、烟气、废水、污水、垃圾、工业废渣、噪声、油污、各类建筑材料所含放射性和非放射性污染

合作单位

××××设计有限公司

工程设计证书：

设计总负责人	
注册师	
制图人	
设计人	
专业负责人	
校核人	
审核人	
审定人	

建设单位 徐州XX医院

项目名称（子项目名称）

项目 门卫房

子项目

图名 建筑设计说明（三）

设计编号	设计阶段
19026	施工图
专业	日期
建筑	2019-03-18

版本号 V1

图号 JS-03

会签专业	签名	日期
建筑		
结构		
给排水		

会签专业	签名	日期
暖通空调		
电气		

建筑设计说明（四）

物等）均采取了有效措施控制和防治并达标。

4. 尽量采用可回收利用的建筑材料，不使用焦油类、石棉类产品和材料。

5. 建筑设计充分利用地形、地貌，尽量不破坏原有的生态环境。

6. 因施工受到破坏（如水土流失、山体裸露等）的环境均应及时采取绿化、恢复植被及其他有效措施进行补救，恢复或重建良好的自然生态系统。

7. 工程建筑、装修材料应符合《民用建筑工程室内环境污染控制规范》（GB 50325—2010）的要求：

污染物	类民用建筑工程	污染物	类民用建筑工程
氡（Bq/m³）	≤200	氨（mg/m³）	≤0.2
游离甲醛（mg/m³）	≤0.08	TVOC（mg/m³）	≤0.5
苯（mg/m³）	≤0.09		

十五、其他

1. 绿化、水体、园林小品等环境景观设计由建设单位另行委托设计。

2. 内、外装修材料的规格、尺寸及颜色等均应在施工前提供样板，经建设单位和设计单位认可后方可施工。

3. 本施工图未尽事宜，除应严格按照有关规范、标准进行施工外，各方应及时沟通，共同协调，妥善解决。土建施工应与水、电、空调、通风、煤气等工种密切配合，做好预留预埋。若发现有矛盾，应与设计单位协调解决，凡需安装设备处，待设备到货后，应与设计图纸核对后方可施工，如与图纸不相符，应经有关各方协商后进行调整。

4. 大面积细石混凝土面层均应沿柱（或6 m×6 m）纵横用割机做分缝处理，缝宽20 mm，凡有管道、井道穿屋面板、女儿墙处，安装完毕后均应随即用建筑密封胶做嵌缝处理。

5. 窗头、窗台、阳台、雨篷、飘板底均应做滴水线，基层与突出屋面结构（女儿墙、变形缝、烟囱、管道、上人孔、天沟、檐口）等转角处用水泥砂浆粉刷，均做成圆弧或钝角。

6. 管道穿屋面等屋面留孔洞位置（预留与预埋等）须检查核实后再做防水处理，避免做防水处理后凿洞，屋面找坡，以配合土建施工。屋面向雨水口找坡，在雨水口部坡度加大成积水区，雨水口位置及坡向详见屋面平面图。

7. 玻璃幕墙、金属装饰架、玻璃雨篷的专业厂家应在土建施工前提出有关技术要求。

门 窗 表

类别	设计编号	洞口尺寸（mm×mm）宽×高	数量	门的类型	备注
门	M0822	800×2 200	1	成品木门	详门窗大样
门	M0922	900×2 200	1	成品木门	详门窗大样
门	M1022	1 000×2 200	4	成品木门	详门窗大样
窗	C0812	800×1 200	2	铝合金推拉窗	详门窗大样
窗	C0815	800×1 500	2	铝合金推拉窗	详门窗大样
窗	C2437	2 400×3 700	1	铝合金推拉窗	详门窗大样
窗	TC2457	2 400×5 650	5	铝合金推拉窗	详门窗大样
组合门窗	MC2427	2 400×2 700	1	铝合金平开门	详门窗大样
组合门窗	MC2460	2 400×5 950	1	铝合金平开门	详门窗大样

说明

1. 图中所注尺寸为洞口尺寸，施工时需现场核定门窗尺寸及数量，门窗详图为分隔尺寸，仅供参考。
2. 木门断面等级为Ⅲ级，门窗壁厚、窗框大小、构造连接、固定方式、温度伸缩、防水隔阻、隔声措施等具体技术措施都应由具备资质的生产厂家设计，并获得建筑设计师认可。
3. 外窗均采用深灰色铝型材单框断热桥中空Low-E玻璃窗6+12A+6遮阳型。门窗抗风压4级，水密性4级，气密性6级，采光性3级，保温性5级，空气隔声3级。其性能等级划分应符合GB/T 7106—2008的规定。
4. 除注明外，面积大于1.5 m²的窗玻璃（面积大于1.0 m²的沿街窗玻璃），面积大于0.5 m²的有框门玻璃以及无框门玻璃必须采用安全玻璃，阳台落地玻璃下部固定扇以及窗台低于900 mm的窗玻璃必须采用安全玻璃。
5. 铝合金窗型材采用系列由供方计算确定。
6. 除注明外，门窗玻璃均为净白平板浮法玻璃。
7. 窗台、各种装饰线脚与保温层间的收头处理和防渗处理，凡外凸线脚均应设滴水线。窗台泛水坡度应小于10%，严防倒返水。
8. 防盗措施由甲方统一考虑。

合作单位

出图章

××××设计有限公司

工程设计证书：

设计总负责人	
注册师	
制图人	
设计人	
专业负责人	
校核人	
审核人	
审定人	

建设单位 徐州XX医院

项目名称（子项目名称）

项目 门卫房

子项目

图名 建筑设计说明（四） 门窗表

设计编号	设计阶段
19026	施工图
专业	日期
建筑	2019-03-18

版本号 V1

图号 JS-04

建筑工程做法

一、屋面工程

屋1:保温坡屋面(用于门卫坡屋面)

1. 水泥平板彩瓦(蓝灰色)。

2. 1∶3水泥砂浆卧瓦层,最薄处不小于20 mm厚(内配ϕ6@500×500钢筋网,与屋面板预埋ϕ10钢筋头绑牢)。

3. 15 mm厚1∶3水泥砂浆找平层。

4. 80 mm厚挤塑聚苯板(B1级)。

5. 3 mm厚高聚物改性沥青防水卷材,上刷1.2 mm厚高聚物改性沥青防水涂膜。

6. 15 mm厚1∶3水泥砂浆找平层。

7. 钢筋混凝土屋面板,预埋ϕ10钢筋头,间距双向900 mm,伸出找平层30 mm。

屋2:不保温平屋面(用于楼梯平屋面)

1. 20 mm厚1∶3水泥砂浆面层。　2. 10 mm厚低标号砂浆隔离层。

3. 3 mm厚高聚物改性沥青防水卷材,上刷1.2 mm厚高聚物改性沥青防水涂膜。

4. 20 mm厚1∶3水泥砂浆找平层。　5. 最薄30 mm厚LC5.0轻集料混凝土2%找坡。

二、地面工程

地1:防滑地砖地面(耐酸耐磨地砖)(用于公共走道、楼梯间及值班室)

1. 10 mm厚地砖干水泥擦缝。　2. 撒素水泥面(洒适量清水)。

3. 20 mm厚1∶2干硬性水泥砂浆结合层。　4. 素水泥砂浆(或界面剂)一道。

5. 100 mm厚C15混凝土垫层。　6. 200 mm厚碎石垫层下素土夯实。

地2:防滑地砖地面(用于卫生间等水湿房间)

1. 10 mm厚防滑地砖干水泥擦缝。　2. 撒素水泥面(洒适量清水)。

3. 20 mm厚1∶2干硬性水泥砂浆结合层。　4. C20细石混凝土找坡,坡向地漏,最薄处20 mm。

5. 1.5 mm厚LDM-JS聚合物水泥防水涂料,涂刷基层处理剂两遍,从四周垂直面涂起。

6. 100 mm厚C15细石混凝土,随捣随抹平。　7. 200 mm厚碎石垫层下素土夯实。

三、楼面工程

楼1:防滑地砖楼面(耐酸耐磨地砖)(用于二楼全部房间及走道,楼梯平台及踏步)

1. 10 mm厚地砖干水泥擦缝。　2. 撒素水泥面(洒适量清水)。

3. 20 mm厚1∶2干硬性水泥砂浆结合层。　4. 素水泥砂浆(或界面剂)一道。

5. 30 mm厚C20细石混凝土找平搓毛。　6. 钢筋混凝土楼板。

四、外墙工程

外1:真石漆涂料墙面

1. 外墙真石漆涂料(专用柔性耐水腻子)。　2. 6 mm厚抗裂砂浆+玻碱网格布。

3. 10 mm厚1∶2.5水泥砂浆找平。

4. 墙体材料,12 mm厚聚合物防水混合砂浆,应符合DGJ32/J 16—2014第9.1.1条的规定。

五、内墙工程

内1:涂料内墙

1. 刷白色防潮防水乳胶漆两遍。　2. 5 mm厚1∶0.3∶3水泥石灰膏砂浆罩面抹光。

3. 12 mm厚1∶1∶6水泥石灰膏砂浆打底。　4. 刷界面处理剂一道。

5. 12 mm厚1∶2水泥砂浆打底(内掺5%的防水剂)。

内2:釉面瓷砖内墙墙裙(用于卫生间等水湿房间墙裙,高度2 700 mm)

1. 5 mm厚釉面砖水泥擦缝。　2. 5 mm厚1∶1水泥细砂结合层。

3. 12 mm厚1∶3水泥砂浆打底。　4. 刷界面处理剂一道。

内3:地砖踢脚(用于除卫生间等水湿房间外的瓷砖地面房间)

地砖踢脚150 mm高,做法详见苏J01—2005—7/4。

六、顶棚工程

棚1:刮腻子顶棚(用于除吊顶外的所有顶棚)

1. 刷乳胶漆二道。　2. 板底腻子刮平。

会签专业	签名	日期	
建筑			
结构			
给排水			
会签专业	签名	日期	
暖通空调			
电气			

合作单位		
	出图章	
××××设计有限公司		
工程设计证书:		
设计总负责人		
注册师		
制图人		
设计人		
专业负责人		
校核人		
审核人		
审定人		
建设单位	徐州XX医院	
项目名称(子项目名称) 项目	门卫房	
子项目		
图名	建筑工程做法	
设计编号 19026	设计阶段 施工图	
专业 建筑	日期 2019-03-18	
版本号 V1		
图号 JS-05		

会签专业	签　名	日　期
建筑		
结构		
给排水		

会签专业	签　名	日　期
暖通空调		
电气		

3. 刷素水泥浆一道(内掺建筑胶)。

七、台阶、坡道、散水

台阶

1. 20 mm 厚火烧板(带防滑条)、干水泥擦缝或 1∶1 水泥细砂浆勾缝。

2. 8 mm 厚 1∶1 水泥细砂浆结合层。　　3. 20 mm 厚 1∶3 水泥砂浆找平层。

4. 素水泥浆结合层一道。

5. 70 mm 厚 C20 混凝土(厚度不包括踏步三角部分)台阶面向外坡 1%。

6. 200 mm 厚碎石或碎砖石,灌 1∶5 水泥砂浆。　7. 素土夯实。

散水:混凝土散水(500 mm 宽)

1. 60 mm 厚 C20 混凝土,撒 1∶1 水泥砂浆,压实抹光。

2. 120 mm 厚碎石或碎砖垫层(素土夯实,向外坡 4%)。

八、其他

1. 本工程屋面、卫生间等防水做法具体参见 GB 50345—2012。

2. 本说明未尽之处参见施工图详图及索引,在施工中请同设计人员密切配合。

建筑节能设计专篇（建筑）

一、工程名称:徐州 ×× 医院门卫房

二、项目概况

所在城市	气候分区	建筑性质	总建筑面积(m^2)	地下一层建筑面积(m^2)	建筑高度(m)	建筑层数	体形系数	结构形式	建筑类别
徐州	□夏热冬冷 ■寒冷 B 区	民用建筑	194	—	7.95	2 层	0.19	框架结构	□一类 ■二类

三、设计依据

1.《工业建筑节能设计统一标准》(GB 51245—2017)。　2. 当地城市规划主管部门的批文。

3.《民用建筑热工设计规范》(GB 50176—2016)。　4. 国家、省、市现行的法律、法规,其他相关标准和规定。

四、建筑节能

1. 基本情况见表 1。

表 1　基本情况

气候分区	建筑类别	换气次数	余热强度(W/m^3)	建筑面积(m^2)	空调形式	集中采暖空调面积	利用可再生能源种类	节能计算方法
寒冷 B 区	□一类 ■二类	2	8	194	□集中　□分体	—	—	■ 规定性指标

2. 建筑物围护结构热工性能(详见表 2、表 3)。

表 2　屋面、外墙的热工性能

围护结构部位		主要保温材料						设计值 W/(m^2·K)	规范限值 W/(m^2·K)
		名　称	干密度(kg/m^3)	厚度(mm)	导热系数 λ[W/(m·K)]	修正系数 α	燃烧性能等级		
屋面	坡屋面	挤塑聚苯板	30	80	0.030	1.25	B1 级	0.65	≤0.75
外墙	外墙(加气混凝土块)	挤塑聚苯板	200	60	0.030	1.2	B1 级	0.65	≤0.85
外墙加权平均值		—	—	—	—	—	—	0.65	≤0.85

表 3　外窗的热工性能

朝向	窗框	玻璃	遮阳形式	窗墙面积比 工程设计值	窗墙面积比 规范限值	传热系数[W/(m^2·K)] 工程设计值	传热系数[W/(m^2·K)] 规范限值	太阳得热系数 SHGC 工程设计值	太阳得热系数 SHGC 规范限值
南	铝型材单框断热桥中空	Low-E 玻璃窗 6+12A+6 遮阳型	—	0.27	0.70	2.80	3.20	0.70	—
北		Low-E 玻璃窗 6+12A+6 遮阳型	—	0.27	0.70	2.80	3.20	0.70	—
东		Low-E 玻璃窗 6+12A+6 遮阳型	—	0.24	0.70	2.80	3.20	0.70	—
西		Low-E 玻璃窗 6+12A+6 遮阳型	—	0.27	0.70	2.80	3.20	0.70	—

本项目外门窗气密性不低于《建筑外门窗气密、水密、抗风压性能分级及检测方法》(GB/T 7106—2008)规定的 6 级。

合作单位

出图章

××××设计有限公司

工程设计证书:

设计总负责人	
注册师	
制图人	
设计人	
专业负责人	
校核人	
审核人	
审定人	
建设单位	徐州XX医院
项目名称(子项目名称) 项目	门卫房
子项目	
图名	建筑节能设计专篇(建筑)
设计编号 19026	设计阶段 施工图
专业 建筑	日期 2019-03-18
版本号 V1	
图号 JS-06	

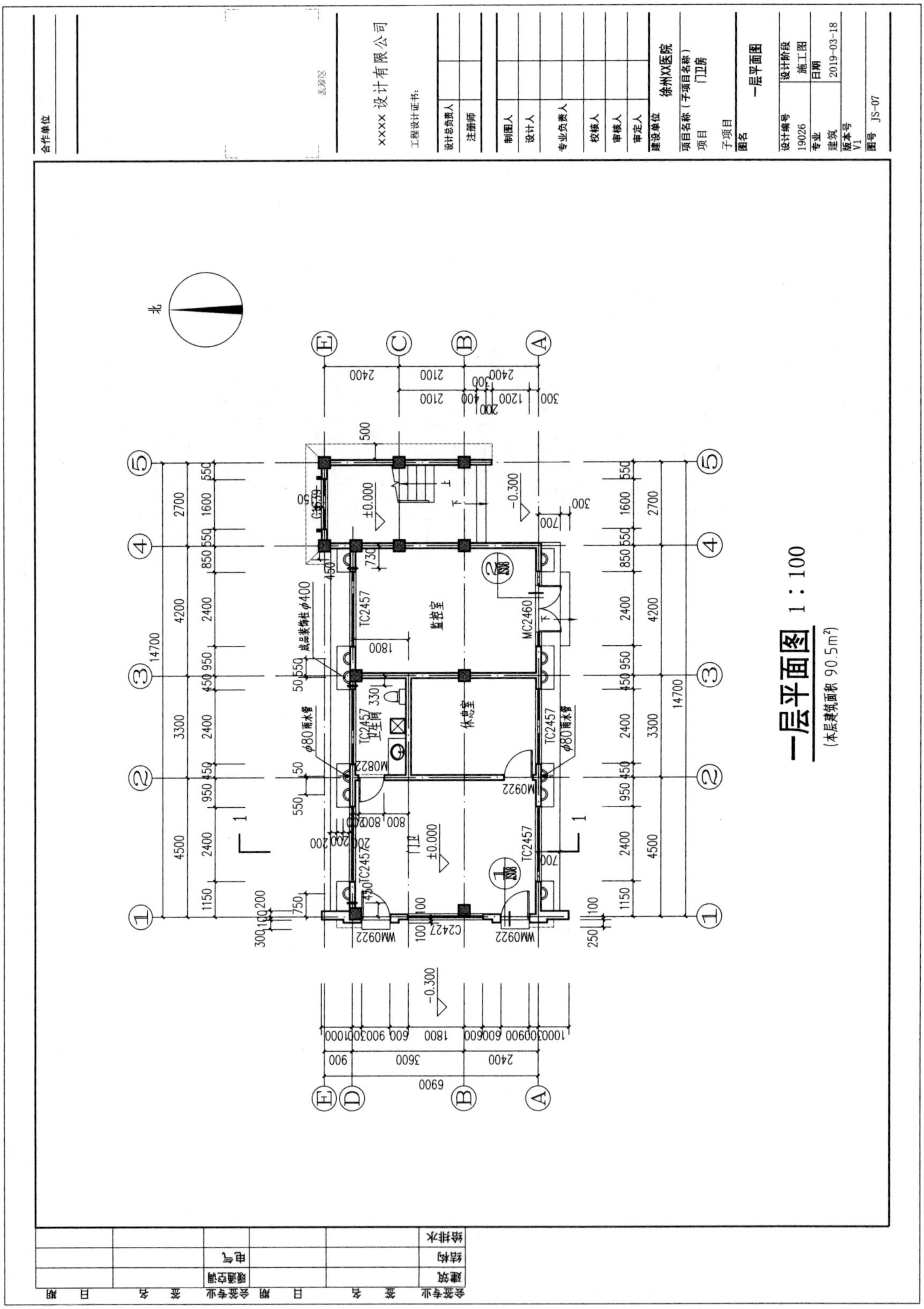
一层平面图 1：100
(本层建筑面积 90.5m²)
××××设计有限公司
徐州XX医院
门卫房
一层平面图
施工图
2019-03-18
19026
JS-07
监控室
休息室
卫生间
门卫

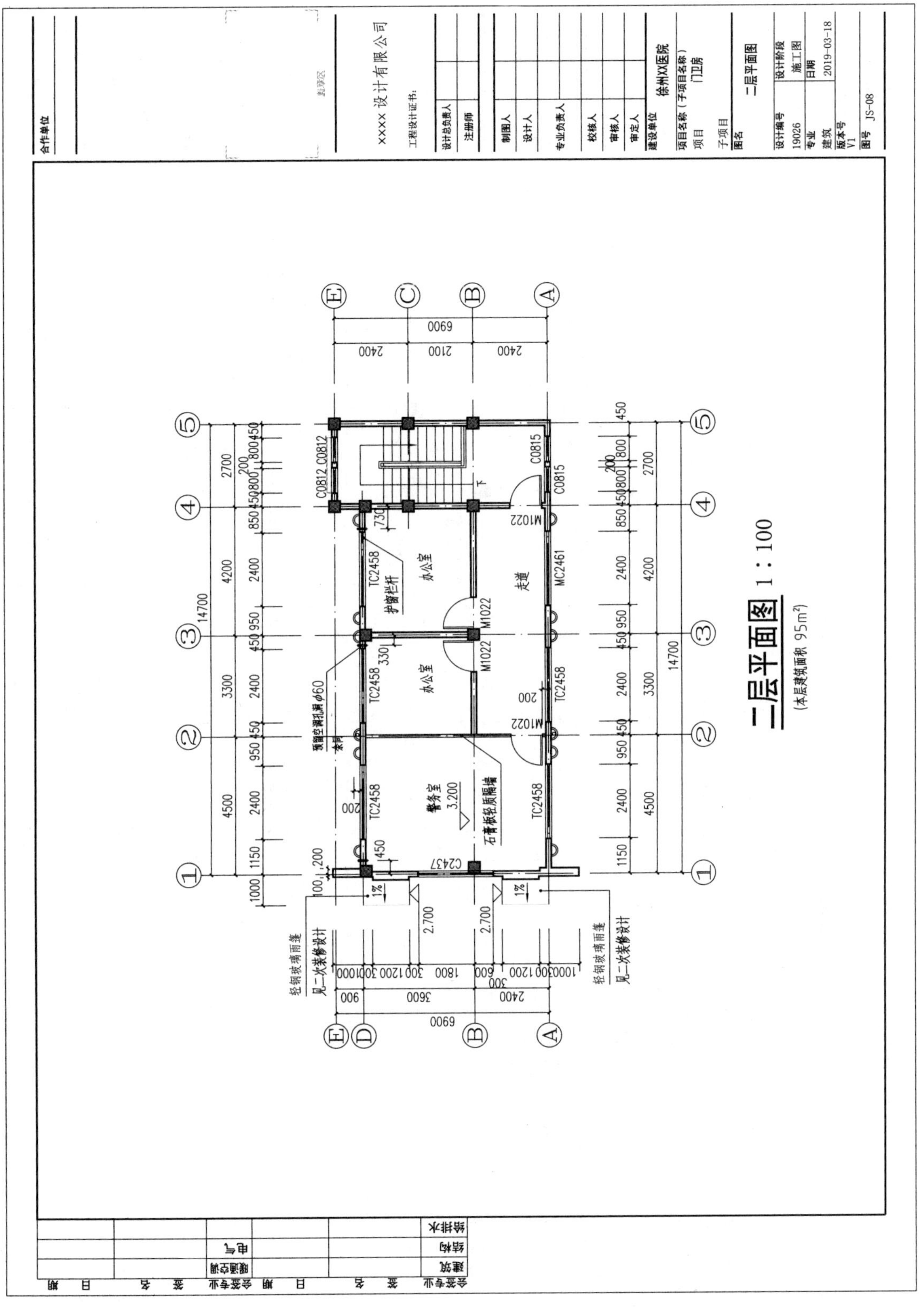
二层平面图 1：100
(本层建筑面积 95m²)
XXXX 设计有限公司
徐州XX医院
门卫房
二层平面图
2019-03-18
JS-08

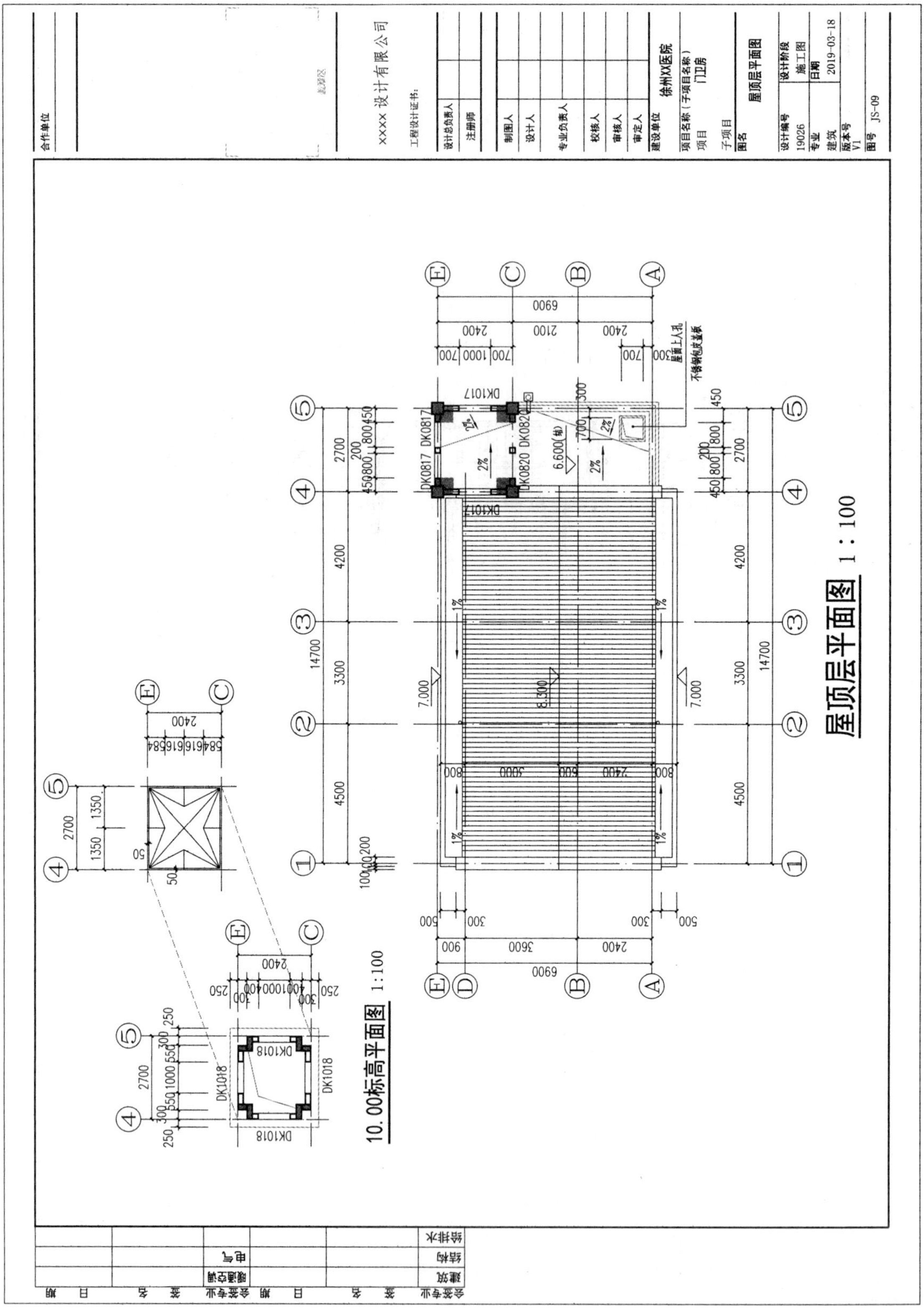
合作单位
××××设计有限公司
工程设计证书:
设计总负责人
注册师
制图人
设计人
专业负责人
校核人
审核人
审定人
建设单位
徐州XX医院
项目名称（子项目名称）
项目
门卫房
子项目
图名
屋顶层平面图
设计编号
19026
设计阶段
施工图
专业
建筑
日期
2019-03-18
版本号
V1
图号
JS-09
屋顶层平面图 1：100
10.00标高平面图 1:100
屋面上人孔
不锈钢包皮盖板
会签专业
建筑
结构
给排水
暖通空调
电气

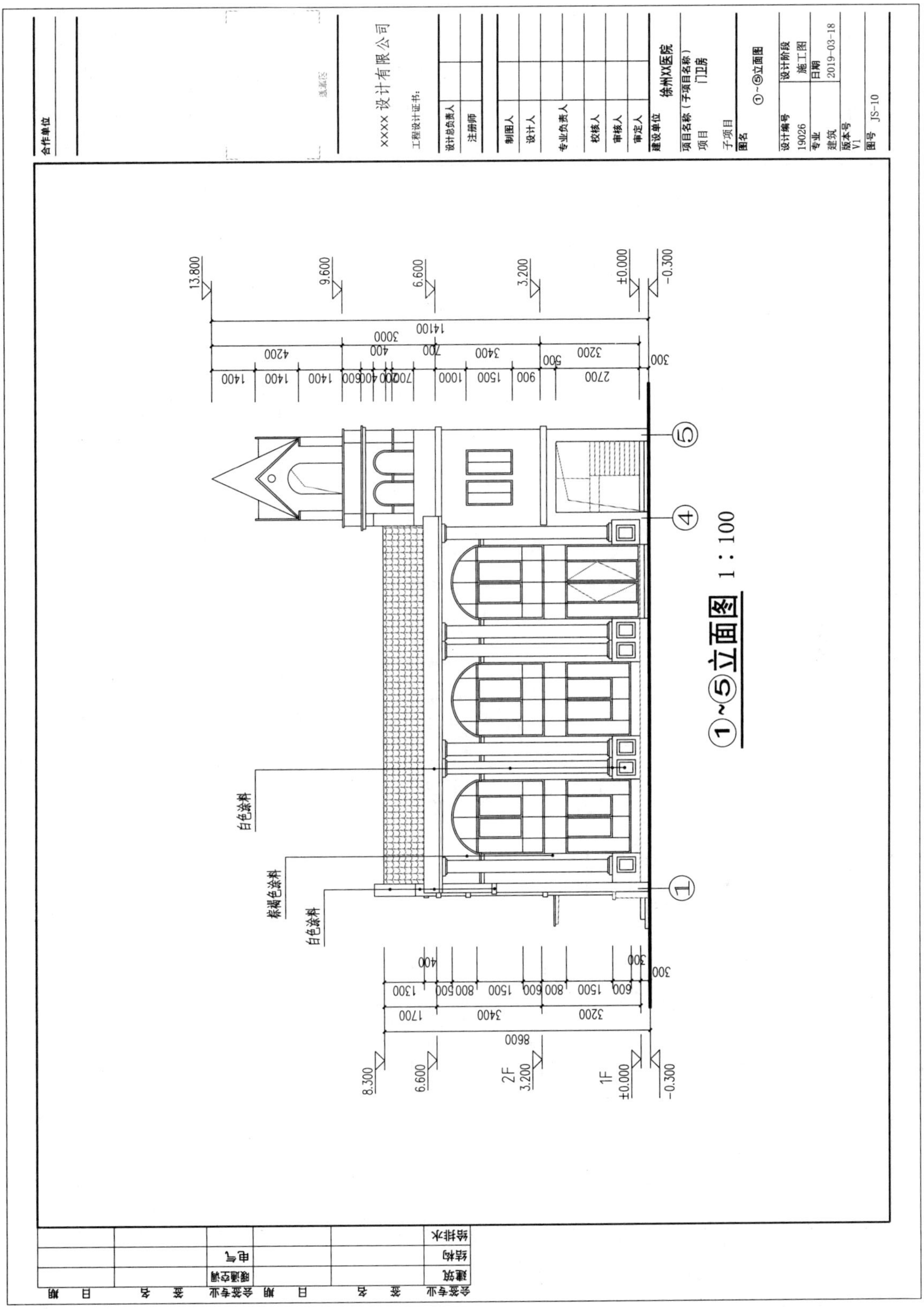
①~⑤立面图 1：100
合作单位
XXXX设计有限公司
工程设计证书:
设计总负责人
注册师
制图人
设计人
专业负责人
校核人
审核人
审定人
建设单位 徐州XX医院
项目名称（子项目名称）
项目 门卫房
子项目
图名 ①~⑤立面图
设计编号 19026
设计阶段 施工图
专业 建筑
日期 2019-03-18
版本号 V1
图号 JS-10
白色涂料
棕褐色涂料
白色涂料
13.800
9.600
6.600
3.200
±0.000
-0.300
8.300
2F
1F
14100
会签专业
建筑
结构
给排水
暖通空调
电气
签名
日期

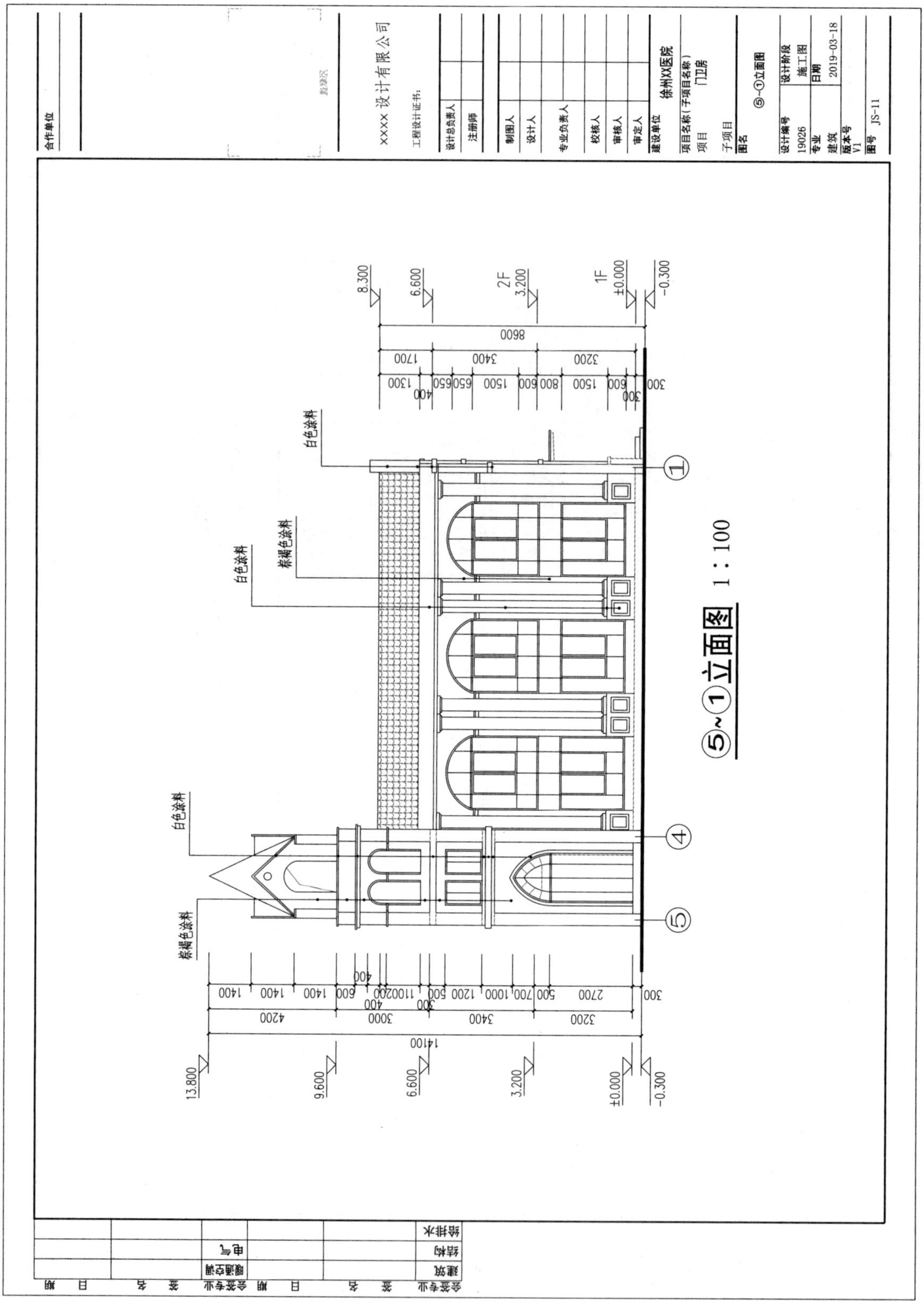
⑤~①立面图 1：100
白色涂料
棕褐色涂料
8.300
6.600
2F
3.200
1F
±0.000
-0.300
13.800
9.600
14100
8600
合作单位
XXXX 设计有限公司
工程设计证书：
设计总负责人
注册师
制图人
设计人
专业负责人
校核人
审核人
审定人
建设单位
徐州XX医院
项目名称（子项目名称）
项目
门卫房
子项目
图名
⑤~①立面图
设计编号
19026
设计阶段
施工图
专业
建筑
日期
2019-03-18
版本号
V1
图号
JS-11
会签专业
建筑
结构
给排水
暖通空调
电气
签名
日期

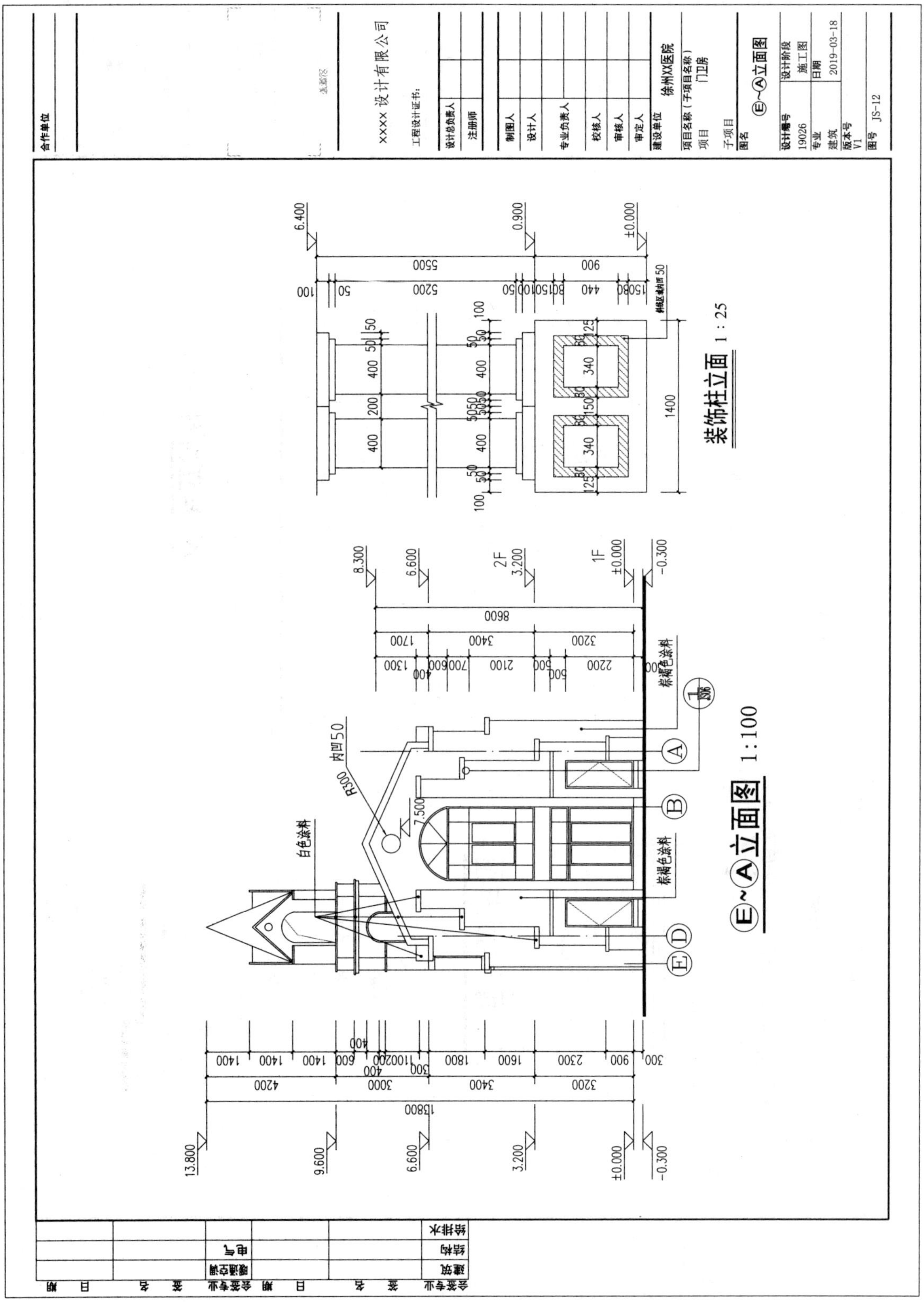
XXXX 设计有限公司
工程设计证书:
合作单位
设计总负责人
注册师
制图人
设计人
专业负责人
校核人
审核人
审定人
建设单位
徐州XX医院
项目名称（子项目名称）
项目
门卫房
子项目
图名
Ⓔ~Ⓐ立面图
设计编号
19026
设计阶段
施工图
专业
建筑
日期
2019-03-18
版本号
V1
图号
JS-12
装饰柱立面 1:25
Ⓔ~Ⓐ立面图 1:100
白色涂料
棕褐色涂料
R300
内凹50
会签专业
建筑
结构
给排水
暖通空调
电气

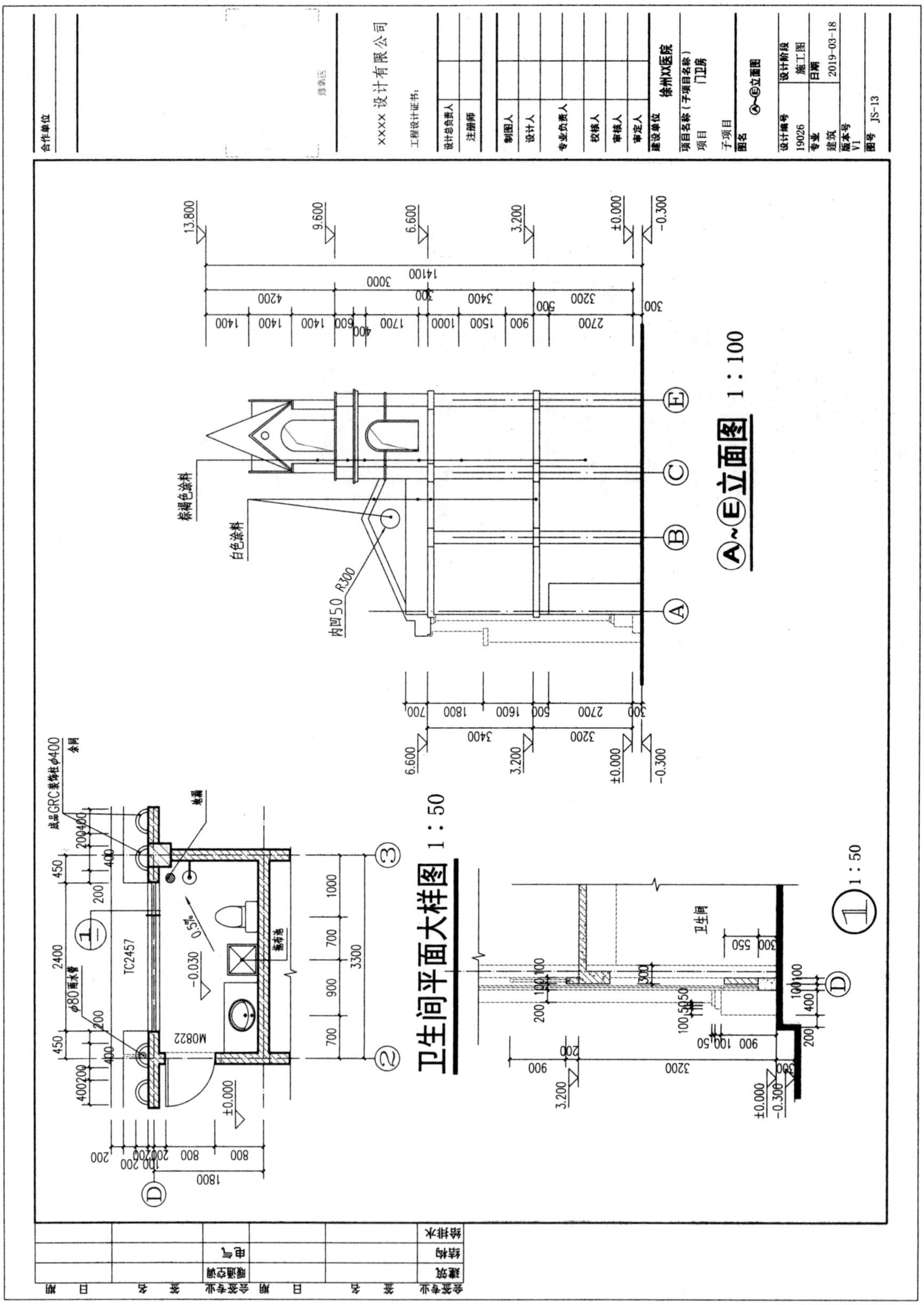
××××设计有限公司
工程设计证书：
徐州XX医院
门卫房
Ⓐ~Ⓔ立面图
19026
施工图
2019-03-18
JS-13
Ⓐ~Ⓔ立面图 1：100
卫生间平面大样图 1：50
白色涂料
棕褐色涂料
内凹50 R300
TC2457
M0822
卫生间

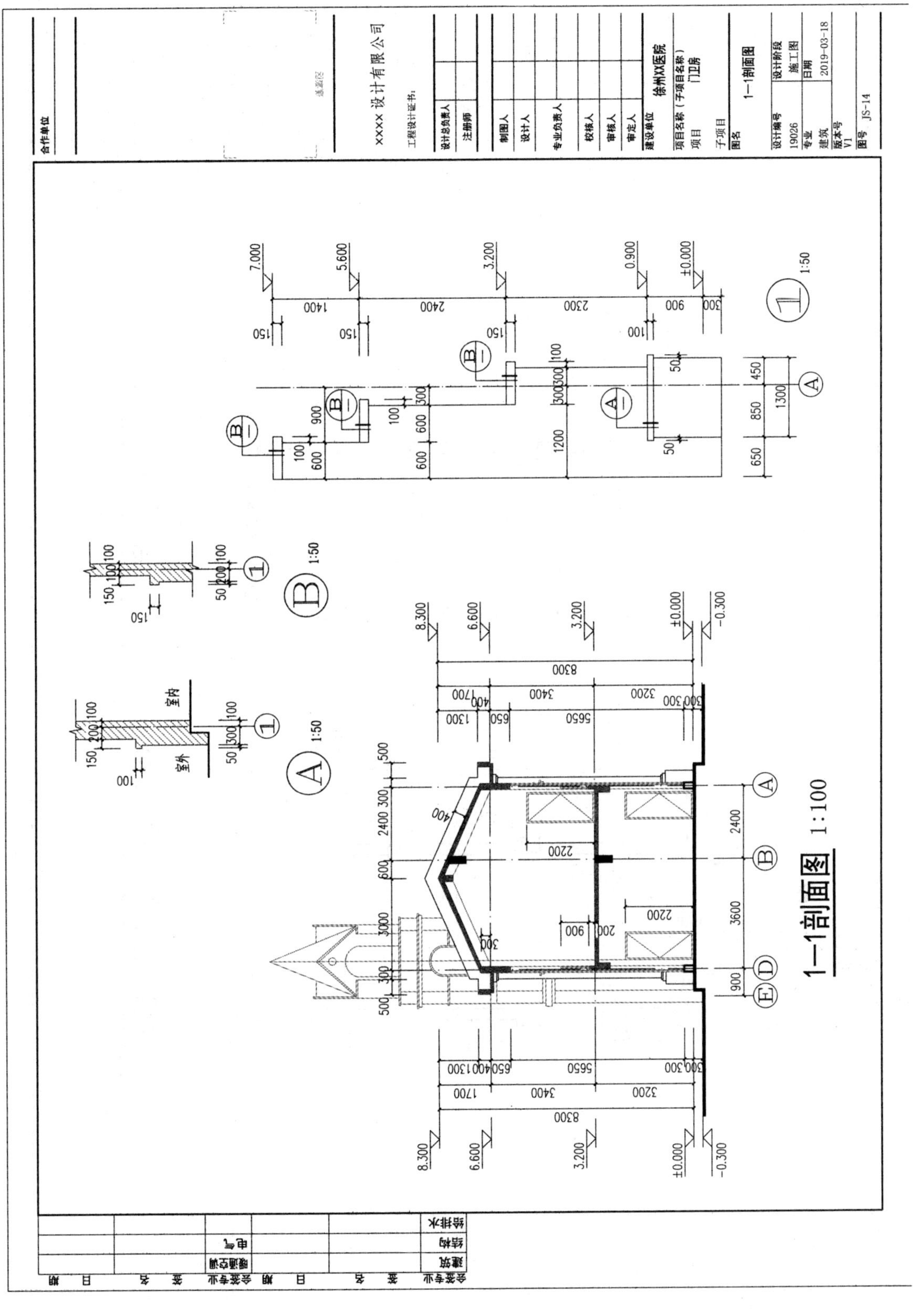
1—1剖面图 1:100
××××设计有限公司
徐州XX医院
门卫房
1—1剖面图
施工图
2019-03-18
JS-14

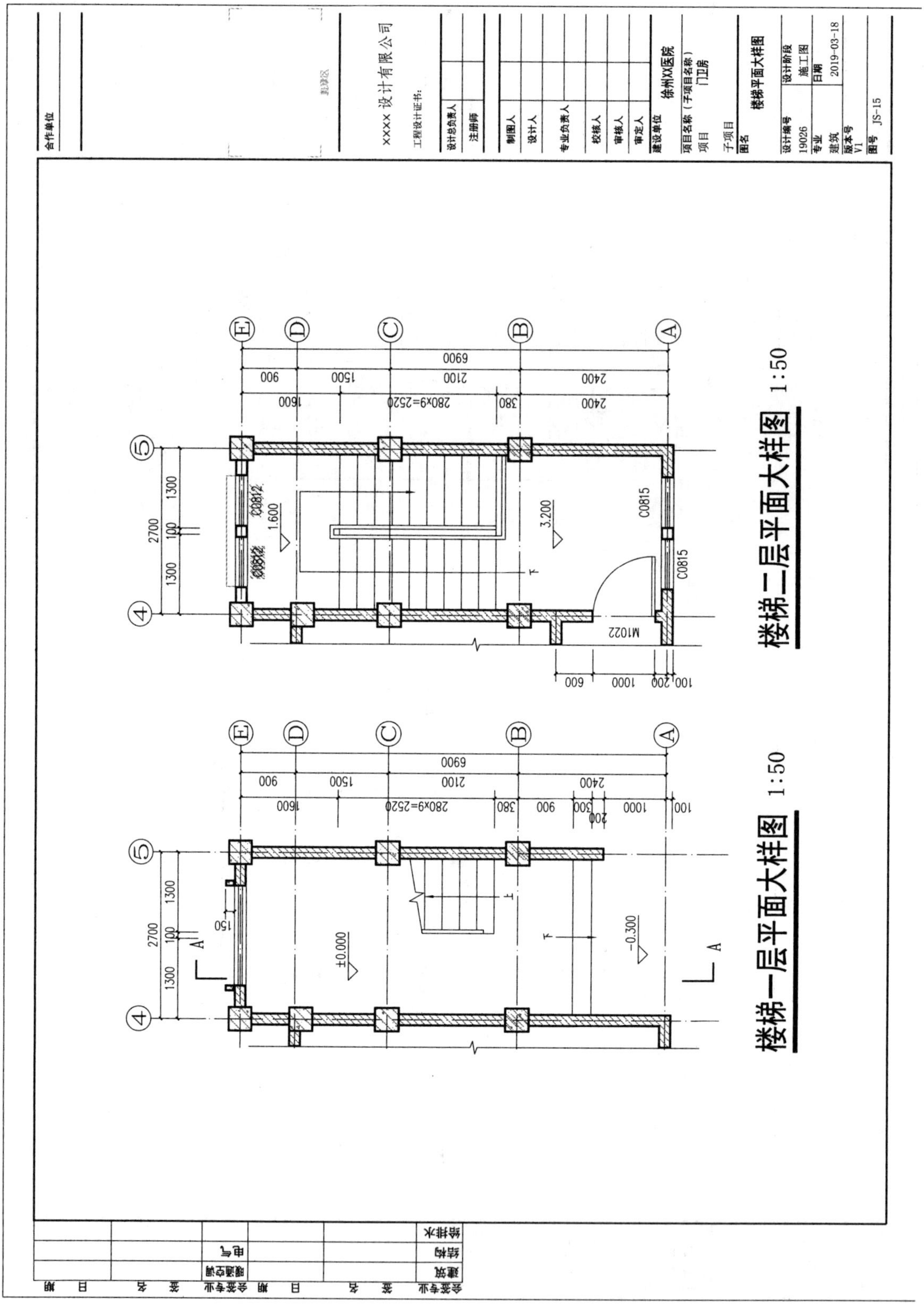
楼梯一层平面大样图 1:50
楼梯二层平面大样图 1:50
合作单位
XXXX设计有限公司
工程设计证书：
设计总负责人
注册师
制图人
设计人
专业负责人
校核人
审核人
审定人
建设单位
徐州XX医院
项目名称（子项目名称）
项目
门卫房
子项目
图名
楼梯平面大样图
设计编号
19026
设计阶段
施工图
专业
建筑
日期
2019-03-18
版本号
V1
图号
JS-15
会签专业
建筑
结构
给排水
暖通空调
电气

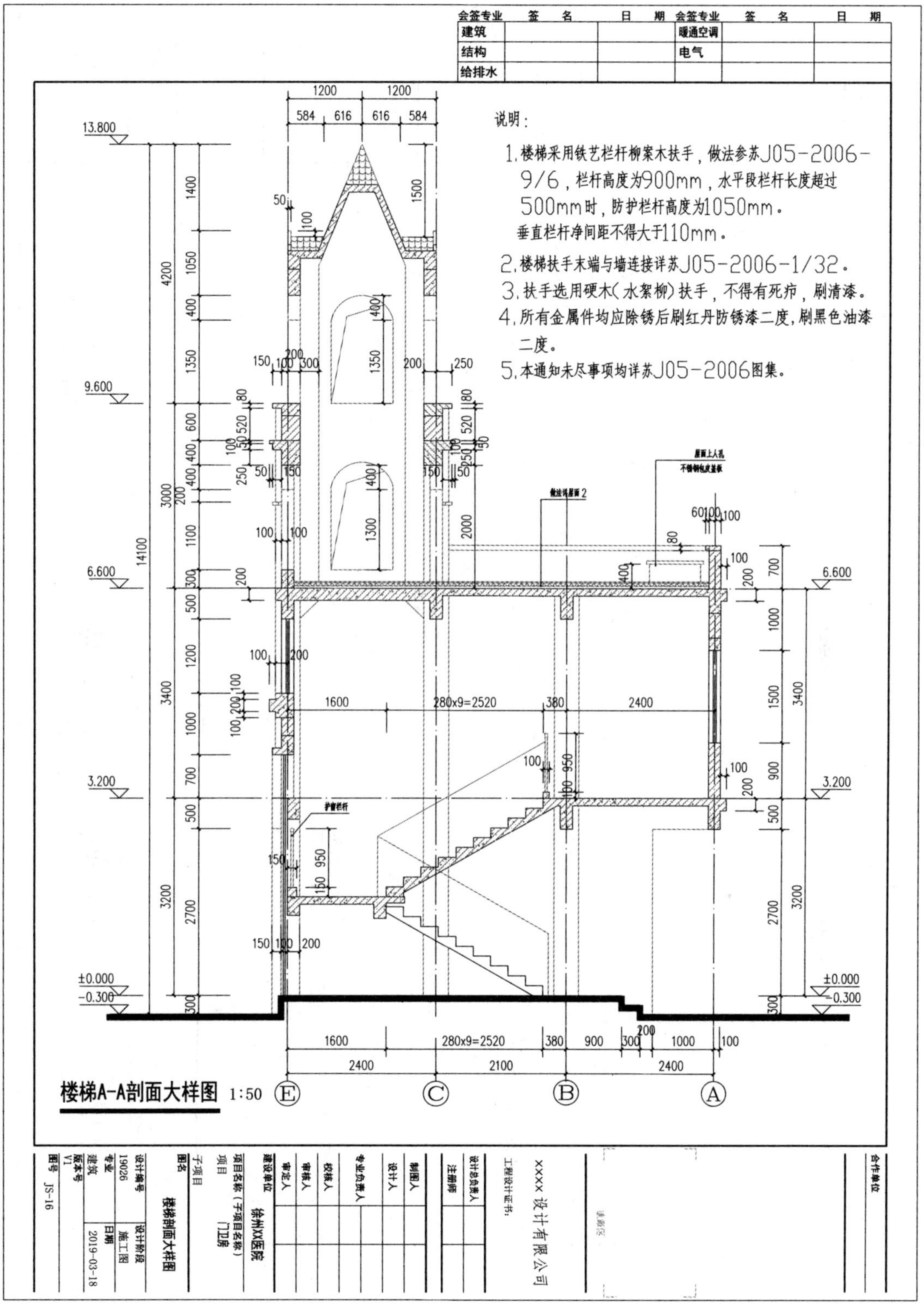
会签专业 签 名 日 期 会签专业 签 名 日 期
建筑
暖通空调
结构
电气
给排水
说明：
1. 楼梯采用铁艺栏杆柳案木扶手，做法参苏J05-2006-9/6，栏杆高度为900mm，水平段栏杆长度超过500mm时，防护栏杆高度为1050mm。垂直栏杆净间距不得大于110mm。
2. 楼梯扶手末端与墙连接详苏J05-2006-1/32。
3. 扶手选用硬木（水絮柳）扶手，不得有死疖，刷清漆。
4. 所有金属件均应除锈后刷红丹防锈漆二度，刷黑色油漆二度。
5. 本通知未尽事项均详苏J05-2006图集。
13.800
9.600
6.600
3.200
±0.000
-0.300
14100
护窗栏杆
做法详屋面2
屋面上人孔
不锈钢包皮盖板
280x9=2520
楼梯A-A剖面大样图 1:50
E
C
B
A
合作单位
××××设计有限公司
工程设计证书：
设计总负责人
注册师
制图人
设计人
专业负责人
校核人
审核人
审定人
建设单位 徐州XX医院
项目名称（子项目名称） 项目 门卫房
子项目
图名 楼梯剖面大样图
设计编号 19026
设计阶段 施工图
专业 建筑
日期 2019-03-18
版本号 V1
图号 JS-16

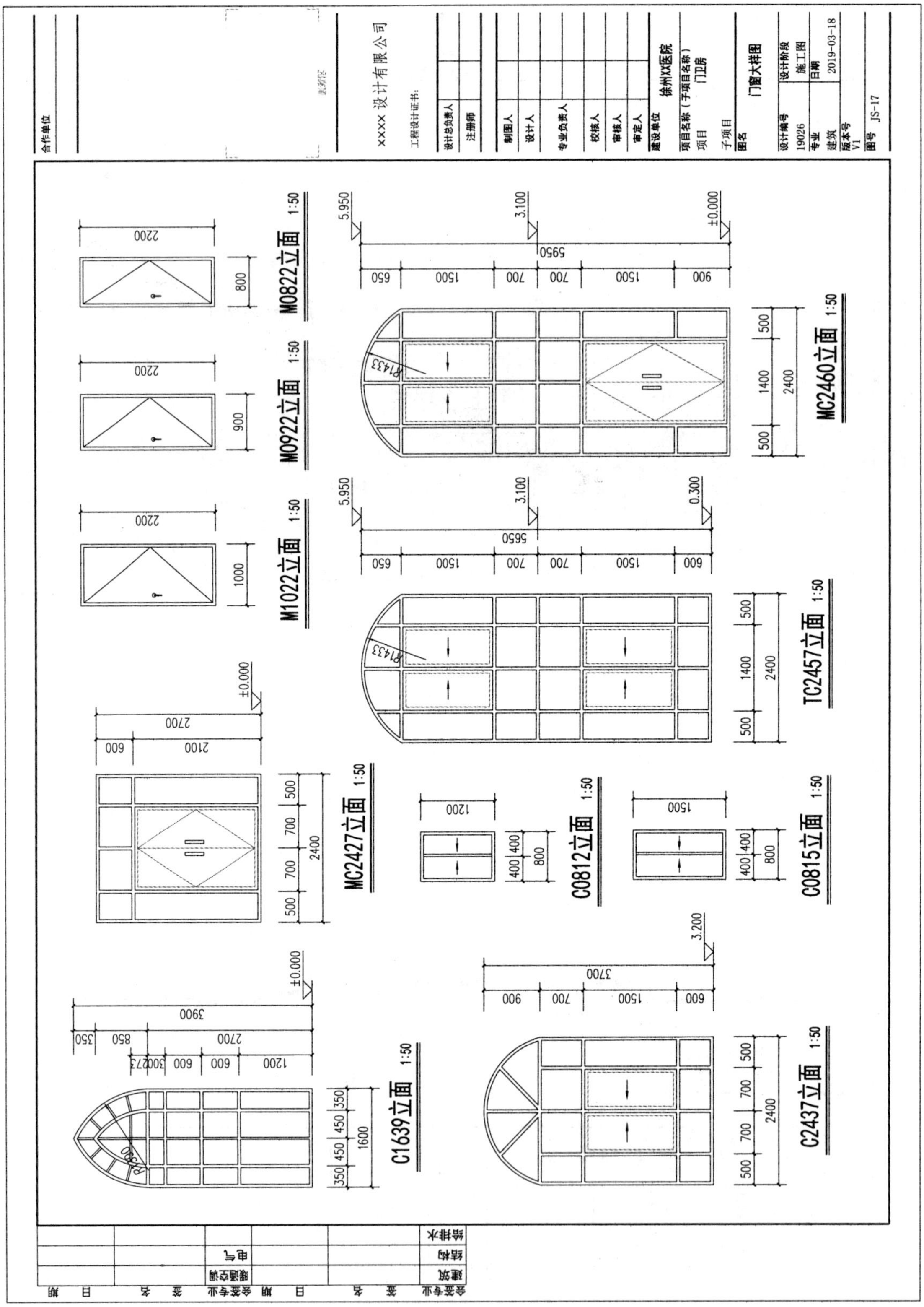
合作单位
××××设计有限公司
工程设计证书:
设计总负责人
注册师
制图人
设计人
专业负责人
校核人
审核人
审定人
建设单位 徐州XX医院
项目名称（子项目名称）
项目 门卫房
子项目
图名 门窗大样图
设计编号 19026
设计阶段 施工图
专业 建筑
日期 2019-03-18
版本号 V1
图号 JS-17
M0822立面 1:50
M0922立面 1:50
M1022立面 1:50
MC2460立面 1:50
TC2457立面 1:50
MC2427立面 1:50
C0812立面 1:50
C0815立面 1:50
C1639立面 1:50
C2437立面 1:50
会签专业
建筑
结构
给排水
暖通空调
电气
签 名
日 期

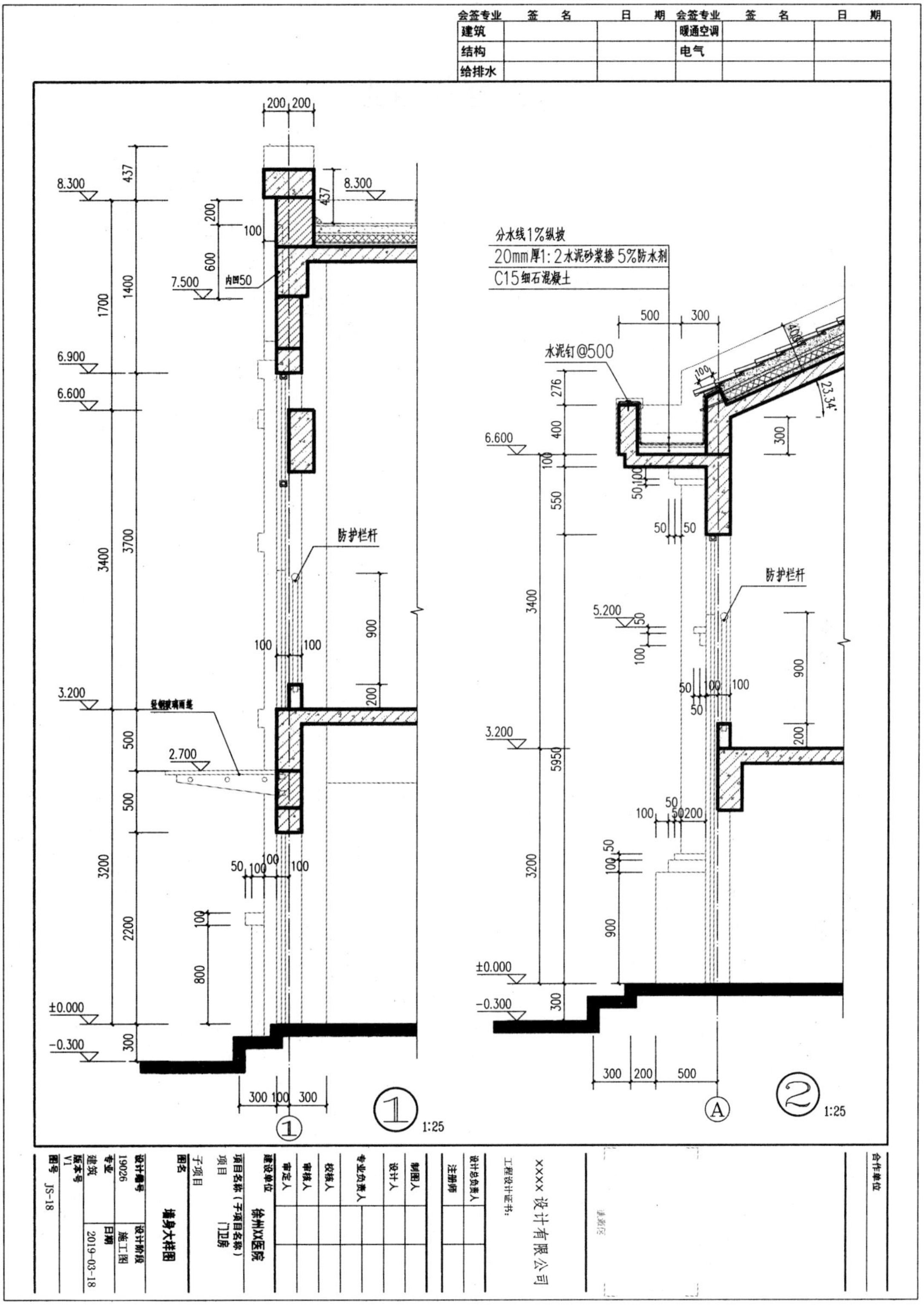
会签专业 签名 日期 会签专业 签名 日期
建筑
结构
给排水
暖通空调
电气
8.300
7.500
6.900
6.600
3.200
2.700
±0.000
−0.300
内凹50
防护栏杆
钢玻璃雨篷
分水线1%纵坡
20mm厚1:2水泥砂浆掺5%防水剂
C15细石混凝土
水泥钉@500
23.34°
5.200
① 1:25
② 1:25
合作单位
XXX 设计有限公司
工程设计证书:
设计总负责人
注册师
制图人
设计人
专业负责人
校核人
审核人
审定人
建设单位 徐州XX医院
项目名称（子项目名称） 门卫房
子项目
图名 墙身大样图
设计编号 19026
设计阶段 施工图
专业 建筑
日期 2019-03-18
版本号 V1
图号 JS-18

参考资料

[1] 沈福熙.建筑方案设计[M].上海:同济大学出版社,1999.

[2] 单立欣,穆丽丽.建筑施工图设计[M].北京:机械工业出版社,2015.

[3] 孟春芳.新编建筑制图[M].北京:中国水利水电出版社,2014.